DEVELOPING YOUR FRENCH

VOLUME ONE

A Continuation Of The Fundamentals Of French

Judy H. R. Telemaque

Brendaline R. Telemaque

DEVELOPING YOUR FRENCH - VOLUME ONE
A Continuation Of The Fundamentals Of French

Paperback ISBN: 978-1-957809-93-9

Published by Cornerstone Publishing

A Division of Cornerstone Creativity Group LLC
Info@thecornerstonepublishers.com
www.thecornerstonepublishers.com

Author's Contact

To book the author to speak at your next event or to order bulk copies of this book, please, use the information below:

frenchfundamentals111@gmail.com

Printed in the United States of America.

PREFACE

Developing Your French 1 is a continuation of the Fundamentals of French beginners' lessons. It introduces different tenses, parts of speech, how they are applied, their structure, and vocabulary. The book includes dialogues that help to understand different concepts used in the French language.

ACKNOWLEDGMENTS

I thank my family and friends for their support and encouragement while preparing this book. The experience of my first book, Fundamentals of French, inspired me to continue and compose this second book. I am thankful to God for allowing me to share this knowledge of the French language with others.

— **Judy Telemaque**

I thank my co-author Dr. Judy Telemaque for the invitation to join in publishing this book. I would like to dedicate this book to my children and subsequent generations. I thank God for allowing me the opportunity given to share my native language.

— **Brendaline Telemaque**

ABOUT THE AUTHORS

Judy H. R. Telemaque, BA., MS., MA., Ed.D, is an English as a second language (ESL), French and arts & craft teacher for New London School of Adult Education in Connecticut. Judy brings learning experiences and student-collaboration to the classrooms. She motivates students to accomplish their goals. Judy's love for different languages is evident in her being multilingual in English, French, and Spanish with acquaintance in Urdu and Mandarin.

Brendaline R. Telemaque, BS., MS, is a French native and a fluent French speaker. She was born in the Caribbean island of St.Martin, French Antilles. Brendaline enjoys music, singing, gardening and animals. Her love for her language is reflected in her profound leadership in student learning of the French language. She continues to inspire students to help them achieve their goals to become proficient in French.

CONTENTS

INTRODUCTION LIST

A. Verb – In a sentence, a verb is the action or state of being.

Example: walk (marcher), run (courir), sing (chanter), speak (parler), eat (manger), sleep (dormir).

B. Infinitive – An infinitive verb is the word "to" + a non-conjugated verb (base verb). Examples: parler – to speak; partir – to leave; perdre – to lose; voir – to see.

C. Conjugation – the variation of the verb. Verb conjugations change depending on the tense and the grammatical subject of the verb.

Example :

Je parle – I speak/ I am speaking

Tu parles – you speak/ you are speaking

Il a parlé – he spoke

Elle parlerait – she would speak

Nous allons parler – we are going to speak

Vous parliez – you used to speak/you were speaking

Jeremy et Mary parleront – Jeremy and Mary will speak

Le professeur parle – the teacher speaks/the teacher is speaking

D. Noun – a word that represents a person, thing, concept or place.

Example:

A Proper noun: Paris, Jeremy;

A common noun : A common noun is masculine or feminine - a hospital (un hôpital), a beach (une plage), a book (un livre), a chair (une chaise), question (une question), questions (des questions).

E. Pronoun – a word that replaces a noun and agree in gender (*Masculine/Feminine*) and number (*Singular/Plural*). Pronouns can refer to people, things, concepts and places. Example: he(il), she(elle), him(le/lui), her(la/lui/elle), it(le, la, ça, ce), they(ils, elles), their (leur).

F. Adjective – a word or phrase that describes or modifies a noun.

Example: Beautiful (Belle, Beau, Bel), Nice (Gentil, Gentille), Happy (Content(e))/Heureux/Heureuse), Sad (Triste), Small (Petit(e)), big (Grand(e)).

G. Adverb – An adverb is a word that describes a verb, an adjective, another adverb or a sentence. Example: loudly (bruyamment), quietly (tranquillement), quickly (rapidement), gently (doucement).

CHAPITRE 1

"ON"

"*On*" takes a verb conjugated in the same form as a verb conjugated with "il" and "elle"; for example : on est, on a, on va, on peut, on regarde, on parle…

1 – 1 : "*On*" can refer to : one, you, people, they (when speaking in general of what everyone does) :

- On ne sait jamais : one never knows/ you never know.

- Aux États-Unis, on s'arrête au feu rouge avant de tourner à droite : In the United States, one stops/you stop at the red light before turning to the right.

- On parle Francais dans cette école : French is spoken in this school.

1 – 2 : "On" also refers to : we

When "*on*" refers to "we", it is often used when speaking informally such as with friends and family; "nous" is generally used when speaking formally.

1 – 3 : However, "*on*" **NEVER** takes a verb form from "nous", because "on" is a third person singular pronoun.

- Nous parlons = on parle

- Nous sommes = on est

- On va à la plage : we are going to the beach.

NOTES

LES EXERCICES

A. Conjugate the following verbs with "on" :

   1. Être

   2. Aller

   3. Parler

   4. Conduire

   5. Manger

   6. Marcher

   7. Lire

   8. Danser

   9. Vendre

   10. S'habiller

B. Translate these 5 sentences :

   1. Mes amis et moi, on va au restaurant.

   2. Si on étudie dur, on réussira ses examens.

   3. On ne fume pas en présence de non-fumeurs.

   4. On doit conduire prudemment quand il fait mauvais.

   5. Ma sœur et moi, on habite ensemble.

C. Translate these 5 sentences into French :

   1. My sister and I, we went on vacation together.

2. If you don't study, you will not pass the test.

3. One should not drink alcohol, it is dangerous for your health.

4. One should drive slowly in the snow.

5. My nephew and I, we go to church together.

NOTES

CHAPITRE 2

LE FUTUR SIMPLE

- WILL -

(Futur Simple: add the endings 'ai, as, a, ons, ez, ont' to the INFINITIF of the Verb)

2 -1 : "ETRE" & "AVOIR" :

Être (To be) – Je serai, Tu seras, Il(Elle)(On) sera, Nous serons, Vous serez, Ils(Elles) seront

Avoir (To have) – J'aurai, Tu auras, Il(Elle)(On) aura, Nous aurons, Vous aurez, Ils(Elles) auront

2 – 2 : LES VERBES RÉGULIERS

Aimer (To like, To love) – J'aimerai, Tu aimeras, Il(Elle)(On) aimera, Nous aimerons, Vous aimerez, Ils(Elles) aimeront

Attendre (To wait for) – J'attendrai, Tu attendras, Il(Elle)(On) attendra, Nous attendrons, Vous attendrez, Ils(Elles) attendront

Chanter (To sing) – Je chanterai, Tu chanteras, Il(Elle)(On) chantera, Nous chanterons, Vous chanterez, Ils(Elles) chanteront

Choisir (To choose) – Je choisirai, Tu choisiras, Il(Elle)(On) choisira, Nous choisirons, Vous choisirez, Ils(Elles) choisiront

Commencer (To begin, To start) – Je commencerai, Tu commenceras, Il(Elle)(On) commencera, Nous commencerons, Vous commencerez, Ils(Elles) commenceront

Comprendre (To understand) – Je comprendrai, Tu comprendras, Il(Elle)(On) comprendra, Nous comprendrons, Vous comprendrez, Ils(Elles) comprendront

Cuisiner (To cook) – Je cuisinerai, Tu cuisineras, Il(Elle)(On) cuisinera, Nous cuisinerons, Vous cuisinerez, Ils(Elles) cuisineront

Demander (To ask) – Je demanderai, Tu demanderas, Il(Elle)(On) demandera, Nous demanderons, Vous demanderez, Ils(Elles) demanderont

Dire (To say) – Je dirai, Tu diras, Il(Elle)(On) dira, Nous dirons, Vous direz, Ils(Elles) diront

Finir (To finish) - Je finirai, Tu finiras, Il(Elle)(On) finira, Nous finirons, Vous finirez, Ils(Elles) finiront

Fumer (To smoke) – Je fumerai, Tu fumeras, Il(Elle)(On) fumera, Nous fumerons, Vous fumerez, Ils(Elles) fumeront

Jouer (To play) – Je jouerai, Tu joueras, Il(Elle)(On) jouera, Nous jouerons, Vous jouerez, Ils(Elles) joueront

Marcher (To walk) – Je marcherai, Tu marcheras, Il(Elle)(On) marchera, Nous marcherons, Vous marcherez, Ils(Elles) marcheront

Parler (To speak, To talk) – Je parlerai, Tu parleras, Il(Elle)(On) parlera, Nous parlerons, Vous parlerez, Ils(Elles) parleront

Prendre (To take) – Je prendrai, Tu prendras, Il(Elle)(On) prendra, Nous prendrons, Vous prendrez, Ils(Elles) prendront

Répondre (To respond, To answer) – Je répondrai, Tu répondras, Il(Elle)(On) répondra, Nous répondrons, Vous répondrez, Ils(Elles) répondront

Travailler (To work) – Je travaillerai, Tu travailleras, Il(Elle)(On) travaillera, Nous travaillerons, Vous travaillerez, Ils(Elles) travailleront

Voyager (To travel) - Je voyagerai, Tu voyageras, Il(Elle)(On) voyagera, Nous voyagerons, Vous voyagerez, Ils(Elles) voyageront

2 – 3 : LES VERBES IRRÉGULIERS

Aller (To go) – J'irai, Tu iras, Il(Elle)(On) ira, Nous irons, Vous irez, Ils(Elles) iront

Devoir (To have to) – Je devrai, Tu devras, Il(Elle)(On) devra, Nous devrons, Vous devrez, Ils(Elles) devront

Envoyer (To send) – J'enverrai, Tu enverras, Il(Elle)(On) enverra, Nous enverrons, Vous enverrez, Ils(Elles) enverront

Faire (To do, To make) – Je ferai, Tu feras, Il(Elle)(On) fera, Nous ferons, Vous ferez, Ils(Elles) feront

Pouvoir (To be able, can) – Je pourrai, Tu pourras, Il(Elle)(On) pourra, Nous pourrons, Vous pourrez, Ils(Elles) pourront

Recevoir (To receive) – Je recevrai, Tu recevras, Il(Elle)(On) recevra, Nous recevrons, Vous recevrez, Ils(Elles) recevront

Savoir (To know) – Je saurai, Tu sauras, Il(Elle)(On) saura, Nous saurons, Vous saurez, Ils(Elles) sauront

Venir (To come) – Je viendrai, Tu viendras, Il(Elle)(On) viendra, Nous viendrons, Vous viendrez, Ils(Elles) viendront

Voir (To see) – Je verrai, Tu verras, Il(Elle)(On) verra, Nous verrons, Vous verrez, Ils(Elles) verront

Vouloir (To want) – Je voudrai, Tu voudras, Il(Elle)(On) voudra, Nous voudrons, Vous voudrez, Ils(Elles) voudront

NOTES

2 -4 : LE NÉGATIF

(Tip – always remember that 'pas' comes after the first verb)

Manger – to eat

Je ne mangerai pas	I won't eat/I will not eat
Tu ne mangeras pas	You won't eat/You will not eat
Il(Elle)(On) ne mangera pas	He/She/One won't (will not) eat
Nous ne mangerons pas	We won't eat/We will not eat
Vous ne mangerez pas	You won't eat/You will not eat
Ils(Elles) ne mangeront pas	They won't eat/They will not eat

Lire – to read

Je ne lirai pas

Tu ne liras pas

Il(Elle)(On) ne lira pas

Nous ne lirons pas

Vous ne lirez pas

Ils(Elles) ne liront pas

NOTES

2 – 5 : LES PHRASES

(The Futur Simple is often used in hypothetical sentences)

(Si + présent, futur simple)

A. Si J'ai de l'argent, Je voyagerai en juin.

If I have money, I will travel in June.

B. Si elle a le temps, elle cuisinera pour la fête des mères.

If she has time, she will cook for Mother's day.

C. S'ils sont disponibles, ils participeront à la réunion de famille.

If they are available, they will participate in the family reunion.

D. Si le directeur arrive à l'heure, le concert commencera à sept heures comme prévu.

If the director arrives on time, the concert will begin at seven O'clock as planned.

E. S'il pleut, les enfants joueront à l'intérieur.

If it rains, the children will play inside.

NOTES

EXERCICES

A. Write the following in Futur Simple

1. Je déjeune au restaurant.

2. Elle aime beaucoup cette robe.

3. Il voit bien avec ses nouvelles lunettes.

4. La décoratrice choisit les couleurs pour la nouvelle maison de ma sœur.

5. Ils marchent tous les jours en été.

B. Write each sentence above in the Negative after putting them in the Futur Simple

C. Answer each sentence using Futur Simple

1. Est-ce que tu liras des livres pendant l'été ?

2. Est-ce que tes amis sauront comment trouver ta maison ?

3. Votre patron, est-ce qu'il enverra des emails tous les jours après les vacances ?

4. Est-ce que vous visiterez Paris l'année prochaine ?

5. Est-ce que tu seras disponible le vendredi ?

D. Write the following in French

1. If she has the time, she will go to Nice.

2. If I take photos, I will have memories.

3. If they go to Australia by plane, the flight will take almost twenty nine hours.

4. If they have a choice, they will choose to have the wedding outdoors.

5. If she reads out loudly, she will learn the language easier.

6. If he reads everyday, he will have an advantage.

7. If we walk everyday, we will lose weight.

NOTES

NOTES

CHAPITRE 3

LES VERBES PRONOMINAUX (PRONOMINAL VERBS)

The grammatical term « pronominal » means "relating to a pronoun." A pronominal verb needs a reflexive pronoun :

Reflexive Pronouns : Me (M'), Te (T'), Se (S'), Nous, Vous, Se (S')

For example : in French, the verb 'to get up' is pronominal 'se réveiller'(as conjugated below)

Les Verbes et Exemples de Conjugaison (The Verbs and Examples of Conjugations)

3 -1 : LE PRÉSENT (THE PRESENT TENSE)

Se réveiller – to wake up

Je me réveille	I wake up/ I am waking up
Tu te réveilles	You wake up/ You are waking up
Il(Elle)(On) se réveille	He/She/One wakes up/ is waking up
Nous nous réveillons	We wake up/ We are waking up
Vous vous réveillez	You wake up/ You are waking up
Ils(Elles) se réveillent	They wake up/ They are waking up

Se lever – to get up

Je me lève, Tu te lèves, Il(Elle)(On) se lève, Nous nous levons, Vous vous levez, Ils(Elles) se lèvent

Se laver une partie du corps…les mains, les cheveux, les pieds, le visage – to wash + body part

Je me lave les mains, Tu te laves les mains, Il(Elle)(On) se lave les mains, Nous nous lavons les mains, Vous vous lavez les mains, Ils(Elles) se lavent les mains

Exemple : Je me lave les mains – I wash my hands

Se laver – to wash oneself

Je me lave, Tu te laves, Il(Elle)(On) se lave, Nous nous lavons, Vous vous lavez, Ils(Elles) se lavent

Se doucher – to take a shower

Je me douche, Tu te douches, Il(Elle)(On) se douche, Nous nous douchons, Vous vous douchez, Ils(Elles) se douchent

Se brosser les dents, les cheveux – to brush one's teeth, one's hair

Je me brosse les dents, Tu te brosses les dents, Il(Elle)(On) se brosse les dents, Nous nous brossons les dents, Vous vous brossez les dents, Ils(Elles) se brossent les dents

S'habiller – to get dressed

Je m'habille, Tu t'habilles, Il(Elle)(On) s'habille, Nous nous habillons, Vous vous habillez, Ils(Elles) s'habillent

Se préparer – to get ready

Je me prépare, Tu te prépares, Il(Elle)(On) se prépare, Nous nous préparons, Vous vous préparez, Ils(Elles) se préparent

Se dépêcher – to hurry up

Je me dépêche, Tu te dépêches, Il(Elle)(On) se dépêche, Nous nous dépêchons, Vous vous dépêchez, Ils(Elles) se dépêchent

Se reposer – to rest

Je me repose, Tu te reposes, Il(Elle)(On) se repose, Nous nous reposons, Vous vous reposez, Ils(Elles) se reposent

S'amuser – to have fun

Je m'amuse, Tu t'amuses, Il(Elle)(On) s'amuse, Nous nous amusons, Vous vous amusez, Ils(Elles) s'amusent

Se coucher – to go to bed

Je me couche, Tu te couches, Il(Elle)(On) se couche, Nous nous couchons, Vous vous couchez, Ils(Elles) se couchent

S'endormir – to fall asleep

Je m'endors, Tu t'endors, Il(Elle)(On) s'endort, Nous nous endormons, Vous vous endormez, Ils(Elles) s'endorment

Two good verbs to know

S'ennuyer – to be bored

Je m'ennuie, Tu t'ennuies, Il(Elle)(On) s'ennuie, Nous nous ennuyons, Vous vous ennuyez, Ils(Elles) s'ennuient

Se souvenir de (a frequent verb) – to remember

Je me souviens de, Tu te souviens de, Il(Elle)(On) se souvient de, Nous nous souvenons de, Vous vous souvenez de, Ils(Elles) se souviennent de

NOTES

3 – 2 : LE NÉGATIF – PRESENT TENSE

Se réveiller – to wake up

Je ne me réveille pas	I don't wake up/ I am not waking up
Tu ne te réveilles pas	You don't wake up/ You are not waking up
Il(Elle)(On) ne se réveille pas	He/She/One doesn't wake up/ Is not waking up
Nous ne nous réveillons pas	We don't wake up/ We are not waking up
Vous ne vous réveillez pas	You don't wake up/ You are not waking up
Ils(Elles) ne se réveillent pas	They don't wake up/ They are not waking up

Se lever – to get up

Je ne me lève pas, Tu ne te lèves pas, Il(Elle)(On) ne se lève pas, Nous ne nous levons pas, Vous ne vous levez pas, Ils(Elles) ne se lèvent pas

(Continue the conjugations of the other verbs following the above examples)

NOTES

3 – 3 : PASSÉ COMPOSÉ DES VERBES PRONOMINAUX (PAST TENSE OF PRONOMINAL VERBS)

The Passé Composé of Pronominaux Verbes are conjugated with the verb 'Être'(To Be)

Se réveiller – to wake up

Je me suis réveillé(e)	I woke up
Tu t'es réveillé(e)	You woke up
Il(Elle)(On) s'est réveillé(e)	He/She/One woke up
Nous nous sommes réveillé(e)s	We woke up
Vous vous êtes réveillé(e)(s)	You woke up
Ils(Elles) se sont réveillé(e)s	They woke up

Se lever – to get up

Je me suis levé(e), Tu t'es levé(e), Il(Elle)(On) s'est levé(e), Nous nous sommes levé(e)s, Vous vous êtes levé(e)(s), Ils(Elles) se sont levé(e)s

Se laver une partie du corps.....les mains, les pieds, les cheveux – to wash + body part

Je me suis lavé les mains, Tu t'es lavé les mains, Il(Elle)(On) s'est lavé les mains, Nous nous sommes lavé les mains, Vous vous êtes lavé les mains, Ils(Elles) se sont lavé les mains

Se laver – to wash oneself

Je me suis lavé(e), Tu t'es lavé(e), Il(Elle)(On) s'est lavé(e), Nous nous sommes lavé(e)s, Vous vous êtes lavé(e)(s), Ils(Elles) se sont lavé(e)s

Se doucher – to take a shower

Je me suis douché(e), Tu t'es douché(e), Il(Elle)(On) s'est douché(e), Nous nous sommes douché(e)s, Vous vous êtes douché(e)(s), Ils(Elles) se sont douché(e)s

Se brosser les dents, les cheveux – to brush one's teeth, one's hair

Je me suis brossé les dents, Tu t'es brossé les dents, Il(Elle)(On) s'est brossé les dents, Nous nous sommes brossé les dents, Vous vous êtes brossé les dents, Ils(Elles) se sont brossé les dents

S'habiller – to get dressed

Je me suis habillé(e), Tu t'es habillé(e), Il(Elle)(On) s'est habillé(e), Nous nous sommes habillé(e)s, Vous vous êtes habillé(e)(s), Ils(Elles) se sont habillé(e)s

Se préparer – to get ready

Je me suis préparé(e), Tu t'es préparé(e), Il(Elle)(On) s'est préparé(e), Nous nous sommes préparé(e)s, Vous vous êtes préparé(e)(s), Ils(Elles) se sont préparé(e)s

Se dépêcher – to hurry up

Je me suis dépêché(e), Tu t'es dépêché(e), Il(Elle)(On) s'est dépêché(e), Nous nous sommes dépêché(e)s, Vous vous êtes dépêché(e)(s), Ils(Elles) se sont dépêché(e)s

Se reposer – to rest

Je me suis reposé(e), Tu t'es reposé(e), Il(Elle)(On) s'est reposé(e), Nous nous sommes reposé(e)s, Vous vous êtes reposé(e)(s), Ils(Elles) se sont reposé(e)s

S'amuser – to have fun

Je me suis amusé(e), Tu t'es amusé(e), Il(Elle)(On) s'est amusé(e), Nous nous sommes amusé(e)s, Vous vous êtes amusé(e)(s), Ils(Elles) se sont amusé(e)s

Se coucher – to go to bed

Je me suis couché(e), Tu t'es couché(e), Il(Elle)(On) s'est couché(e), Nous nous sommes couché(e)s, Vous vous êtes couché(e)(s), Ils(Elles) se sont couché(e)s

S'endormir – to fall asleep

Je me suis endormi(e), Tu t'es endormi(e), Il(Elle)(On) s'est endormi(e), Nous nous sommes endormi(e)s, Vous vous êtes endormi(e)(s), Ils(Elles) se sont endormi(e)s

S'ennuyer – to be bored

Je me suis ennuyé(e), Tu t'es ennuyé(e), Il(Elle)(On) s'est ennuyé(e), Nous nous sommes ennuyé(e)s, Vous vous êtes ennuyé(e)(s), Ils(Elles) se sont ennuyé(e)s

Se souvenir de – to remember

Je me suis souvenu(e) de, Tu t'es souvenu(e) de, Il(Elle)(On) s'est souvenu(e) de, Nous nous sommes souvenu(e)s de, Vous vous êtes souvenu(e)(s) de, Ils(Elles) se sont souvenu(e)s de

NOTES

3 – 4 : LE NÉGATIF

(Tip – always remember that 'pas' comes after the first verb)

Se réveiller – to wake up

Je ne me suis pas réveillé(e)	I did not wake up
Tu ne t'es pas réveillé(e)	You did not wake up
Il(Elle)(On) ne s'est pas réveillé(e)	He/She/One did not wake up
Nous ne nous sommes pas réveillé(e)s	We did not wake up
Vous ne vous êtes pas réveillé(e)(s)	You did not wake up
Ils(Elles) ne se sont pas réveillé(e)s	They did not wake up

Se lever – to get up

Je ne me suis pas levé(e), tu ne t'es pas levé(e), Il(Elle)(On) ne s'est pas levé(e), Nous ne nous sommes pas levé(e)s, Vous ne vous êtes pas levé(e)(s), Ils(Elles) ne se sont pas levé(e)s

(Continue the conjugations of the other verbs following the above examples)

NOTES

3 – 5 : LE FUTUR PROCHE

Futur Proche: (Aller in the present tense + INFINITIF of the verb)

Se coucher – to go to bed

Je vais me coucher	I am going to go to bed/ I will go to bed
Tu vas te coucher	You are going to go to bed/ You will go to bed
Il(Elle)(On) va se coucher	He/She/One is going to go to bed/ will go to bed
Nous allons nous coucher	We are going to go to bed/ We will go to bed
Vous allez vous coucher	You are going to go to bed/ You will go to bed
Ils(Elles) vont se coucher	They are going to go to bed/ They will go to bed

Se lever – to get up

Je vais me lever, Tu vas te lever, Il(Elle)(On) va se lever, Nous allons nous lever, Vous allez vous lever, Ils(Elles) vont se lever

(Continue the conjugations of the other verbs following the above examples)

NOTES

3 – 6 : LE NÉGATIF

(Tip – always remember that 'pas' comes after the first verb)

Se coucher – to go to bed

Je ne vais pas me coucher	I am not going to go to bed/ I won't go to bed
Tu ne vas pas te coucher	You are not going to go to bed / You won't go to bed
Il(Elle)(On) ne va pas se coucher	He/She/One is not going to go to bed/ won't go to bed
Nous n'allons pas nous coucher	We are not going to go to bed/ We won't go to bed
Vous n'allez pas vous coucher	You are not going to go to bed/ You won't go to bed
Ils(Elles) ne vont pas se coucher	They are not going to go to bed/ They won't go to bed

Se lever – to get up

Je ne vais pas me lever, Tu ne vas pas te lever, Il(Elle)(On) ne va pas se lever, Nous n'allons pas nous lever, Vous n'allez pas vous lever, Ils(Elles) ne vont pas se lever

(Continue the conjugations of the other verbs following the above examples)

NOTES

3 – 7 : THE FUTURE SIMPLE

(Futur Simple: add 'ai, as, a, ons, ez, ont' to the INFINITIF of the Verb)

Se coucher – to go to bed

Je me coucherai	I will go to bed
Tu te coucheras	You will go to bed
Il(Elle)(On) se couchera	He/She/One will go to bed
Nous nous coucherons	We will go to bed
Vous vous coucherez	You will go to bed
Ils(Elles) se coucheront	They will go to bed

Se lever – to get up

Je me lèverai, Tu te lèveras, Il(Elle)(On) se lèvera, Nous nous lèverons, Vous vous lèverez, Ils(Elles) se lèveront

(Continue the conjugations of the other verbs following the above examples)

NOTES

3 – 8 : LE NÉGATIF

(Tip – always remember that 'pas' comes after the first verb)

Se coucher – to go to bed

Je ne me coucherai pas	I will not go to bed/ I won't go to bed
Tu ne te coucheras pas	You will not go to bed/ You won't go to bed
Il(Elle)(On) ne se couchera pas	He/She/One will not go to bed/ won't go to bed
Nous ne nous coucherons pas	We will not go to bed/ We won't go to bed
Vous ne vous coucherez pas	You will not go to bed/ You won't go to bed
Ils(Elles) ne se coucheront pas	They will not go to bed/ They won't go to bed

Se lever – to get up

Je ne me lèverai pas, Tu ne te lèveras pas, Il(Elle)(On) ne se lèvera pas, Nous ne nous lèverons pas, Vous ne vous lèverez pas, Ils(Elles) ne se lèveront pas

(Continue the conjugations of the other verbs following the above examples)

NOTES

EXERCICES

Using Pronominaux Verbs in the Present Tense

A. Write each of the following in French

1. I am brushing my teeth.

2. They are brushing their teeth.

3. We are washing our hands.

4. She is taking a shower.

5. They are going to bed.

B. Write each sentence in the Negative

1. Nous nous couchons.

2. Il s'endort.

3. Je m'habille vite le matin.

4. Tu te lèves tôt le matin.

5. Ils se réveillent tard le samedi matin.

Using Pronominaux Verbs in the Past Tense

A. Write each of the following in French

1. They brushed their teeth.

2. She got up late this morning.

3. They woke up very early to go to church.

4. He took a shower when he came back from the beach.

5. They had fun at the party.

B. Write each sentence in the Negative

1. Le bébé s'est endormi facilement.

2. Les enfants se sont reposés après l'école.

3. Elle s'est dépêchée d'aller à l'école sous la pluie.

4. Nous nous sommes reposés après la longue marche.

5. Je me suis habillé(e) simplement pour le mariage.

Using Pronominaux Verbs in the Future

A. Write the following in French using futur proche

1. We are going to wake up early for church.

2. She is going to get ready quickly.

3. I am going to have fun at the party.

B. Write the following in French using futur simple

1. He will get dressed at seven in the morning for school.

2. They will have fun at the party.

3. The baby will fall asleep easily.

C. Write each sentence in the Negative using Futur Proche

1. Ils vont s'amuser à la plage.

2. Je vais me préparer pour mon examen.

3. Il va se dépêcher d'aller au travail.

D. Write each sentence in the Negative using Future Simple

1. Les enfants se coucheront très tôt ce soir.

2. Le bébé s'endormira après un long trajet en voiture.

3. Je me lèverai tôt demain matin.

NOTES

NOTES

CHAPITRE 4

L'IMPARFAIT (THE IMPERFECT)

4 – 1 :

L'imparfait is formed by taking the **root** of the verb in the present tense that is conjugated with 'nous' and add the endings : ais, ais, ait, ions, iez, aient *such as 'aller' -nous allons :* **all –**

J'allais

Tu allais

Il(Elle)(On) allait

Nous allions

Vous alliez

Ils(Elles) allaient

'prendre' – nous prenons – <u>pren</u> –

Je prenais

Tu prenais

Il(Elle)(On) prenait

Nous prenions

Vous preniez

Ils(Elles) prenaient

(The only exception is the verb 'être' – j'étais, tu étais, il(elle)(on) était, nous étions, vous étiez, ils(elles) étaient)

4 – 2 : THE IMPARFAIT IS USED :

A. For a description in the past :

1. Il y avait beaucoup de monde au restaurant – There were a lot of people in the restaurant.

2. Le serveur était gentil – The waiter was nice.

3. Il portait un costume noir – He wore a black suit.

B. For the translation of *"was/were + ing"* **(NEVER TRANSLATE WAS OR WERE) :**

1. Je parlais – I was speaking.

2. Il lisait – He was reading.

3. Ils buvaient – They were drinking.

C. To remember habitually in the past that is totally finished – "USED TO" :

1. J'allais à l'école à pied – I used to go to school by foot.

2. Il regardait la télé tous les soirs – He used to watch TV every night.

4 – 3 : CONJUGATIONS :

Aller (To go) – J'allais, Tu allais, Il(Elle)(On) allait, Nous allions, Vous alliez, Ils(Elles) allaient

Arriver (To arrive) - J'arrivais, Tu arrivais, Il(Elle)(On) arrivait, Nous arrivions, Vous arriviez, Ils(Elles) arrivaient

Avoir (To have) - J'avais, Tu avais, Il(Elle)(On) avait, Nous avions, Vous aviez, Ils(Elles) avaient

Commencer (To begin) – Je commençais, Tu commençais, Il(Elle) (On) commençait, Nous commencions, Vous commenciez, Ils(Elles) commençaient

Déjeuner (To have lunch) – Je déjeunais, Tu déjeunais, Il(Elle)(On) déjeunait, Nous déjeunions, Vous déjeuniez, Ils(Elles) déjeunaient

Dire (To say, To tell) – Je disais, Tu disais, Il(Elle)(On) disait, Nous disions, Vous disiez, Ils(Elles) disaient

Dormir (To sleep) – Je dormais, Tu dormais, Il(Elle)(On) dormait, Nous dormions, Vous dormiez, Il(Elles) dormaient

Étudier (To study) – J'étudiais, Tu étudiais, Il(Elle)(On) étudiait, Nous étudiions, Vous étudiiez, Ils(Elles) étudiaient

Finir (To finish) – Je finissais, Tu finissais, Il(Elle)(On) finissait, Nous finissions, Vous finissiez, Ils(Elles) finissaient

Lire (To read) – Je lisais, Tu lisais, Il(Elle)(On) lisait, Nous lisions, Vous lisiez, Ils(Elles) lisaient

Manger (To eat) – Je mangeais, Tu mangeais, Il(Elle)(On) mangeait, Nous mangions, Vous mangiez, Ils(Elles) mangeaient

Partir (To leave) – Je partais, Tu partais, Il(Elle)(On) partait, Nous partions, Vous partiez, Ils(Elles) partaient

Travailler (To work) – Je travaillais, Tu travaillais, Il(Elle)(On) travaillait, Nous travaillions, Vous travailliez, Ils(Elles) travaillaient.

NOTES

4 – 4 : LES PHRASES (IMPARFAIT ET PASSÉ COMPOSÉ)

1. a. L'après midi, ma sœur et moi, nous <u>regardions</u> la télévision – In the afternoons, my sister and I, we used to watch TV.

   b. Hier soir, ma sœur et moi, nous avons regardé la télévision – Last night, my sister and I, we watched TV.

2. a. Au lycée, Je <u>choisissais</u> les livres d'art – In high school, I used to choose art books.

   b. Après le concert, J'ai choisi les livres d'art – After the concert, I chose art books.

3. a. Quand <u>j'étais</u> petite, ma mère <u>vendait</u> des vêtements – When I was small, my mother used to sell clothes.

   b. Cet été, ma mère a vendu des vêtements – This summer, my mother sold clothes.

4. a. Notre mère nous <u>parlait</u> en français quand nous <u>étions</u> jeunes – Our mother used to speak French to us when we were young.

   b. Ma mère a parlé en français pendant l'entretien avec son nouveau employeur – My mother spoke in French during the interview with her new employer.

5. a. Avant, je <u>visitais</u> l'île de St. Martin tous les deux ans - Before, I used to visit the island of St.Martin every two years.

   b. J'ai visité l'île de Curaçao pour le mariage de ma sœur le moins dernier – I visited the island of Curaçao for my sister's wedding last month.

6. a. Avant, ma nièce <u>m'accompagnait</u> à l'église tous les dimanches – Before, my niece used to accompany me to church every Sunday.

b. Hier, ma nièce m'a accompagnée au magasin pour acheter ma robe de voyage – Yesterday, my niece accompanied me to the store to buy my traveling dress.

7. Je regardais la télé quand le téléphone a sonné – I was watching TV when the telephone rang.

8. Je conduisais une vieille voiture et je suis arrivée en retard – I was driving an old car and I arrived late.

9. Il jouait au football quand il a commencé à pleuvoir – he was playing soccer when it started to rain.

10. Ils mangeaient quand la serveuse a apporté le vin – They were eating when the waitress brought the wine.

11. Elle dormait quand il est arrivé – She was sleeping when he arrived.

NOTES

LES EXERCICES

A. Conjugate to the Imparfait :

1. Je danse

2. Il écrit

3. Je suis

4. Nous avons

5. Je travaille

6. Tu choisis

7. Ils dorment

8. Je pars

9. Nous comprenons

10. Elle sort

B. Translate to French :

1. I was reading

2. He was cooking

3. They were waiting

4. We were eating

5. You were dancing

C. Translate to French :

1. When I was young, I used to sleep a lot.

2. She used to sing at church every Sunday with her grand-father.

3. He used to play basketball at the age of eight.

4. The children used to go to the swimming pool together.

5. You used to buy a lot of clothes for the summer (familiar & formal/plural).

6. I was talking to the teacher when someone walked into the room.

7. She was running on the beach and a dog arrived.

8. The children were swimming in the pool when it started to rain.

9. He was walking his dog outside when it began to snow.

10. The family was eating when someone knocked at the door.

NOTES

NOTES

CHAPITRE 5

LE CONDITIONNEL PRÉSENT

(The Conditionnel is used to conjugate <u>with</u> the word "would" in French - <u>Je parlerais : I would speak</u>; there is NO translation in French for the word "would" by itself.)

5 – 1 :

(The Conditional: add the endings 'ais, ais, ait, ions, iez, aient' to the INFINITIF of the Verb)

(For 're' verbs, remove the 'e' of the infinitive and add the endings above)

Tip: *The Conditionnel has the same endings as the Imparfait (but not the same root)*

Aimer (To like, To love) – J'aimerais, Tu aimerais, Il(Elle)(On) aimerait, Nous aimerions, Vous aimeriez, Ils(Elles) aimeraient

Attendre (To wait for) – J'attendrais, Tu attendrais, Il(Elle)(On) attendrait, Nous attendrions, Vous attendriez, Ils(Elles) attendraient

Chanter (To sing) – Je chanterais, Tu chanterais, Il(Elle)(On) chanterait, Nous chanterions, Vous chanteriez, Ils(Elles) chanteraient

Choisir (To choose) – Je choisirais, Tu choisirais, Il(Elle)(On) choisirait, Nous choisirions, Vous choisiriez, Ils(Elles) choisiraient

Commencer (To begin, To start) – Je commencerais, Tu commencerais, Il(Elle)(On) commencerait, Nous commencerions,

Vous commenceriez, Ils(Elles) commenceraient

Comprendre (To understand) – Je comprendrais, Tu comprendrais, Il(Elle)(On) comprendrait, Nous comprendrions, Vous comprendriez, Ils(Elles) comprendraient

Se Coucher (To go to bed) – Je me coucherais, Tu te coucherais, Il(Elle)(On) se coucherait, Nous nous coucherions, Vous vous coucheriez, Ils(Elles) se coucheraient

Cuisiner (To cook) – Je cuisinerais, Tu cuisinerais, Il(Elle)(On) cuisinerait, Nous cuisinerions, Vous cuisineriez, Ils(Elles) cuisineraient

Dire (To say) – Je dirais, Tu dirais, Il(Elle)(On) dirait, Nous dirions, Vous diriez, Ils(Elles) diraient

Finir (To finish) - Je finirais, Tu finirais, Il(Elle)(On) finirait, Nous finirions, Vous finiriez, Ils(Elles) finiraient

Fumer (To smoke) – Je fumerais, Tu fumerais, Il(Elle)(On) fumerait, Nous fumerions, Vous fumeriez, Ils(Elles) fumeraient

Jouer (To play) – Je jouerais, Tu jouerais, Il(Elle)(On) jouerait, Nous jouerions, Vous joueriez, Ils(Elles) joueraient

Se Lever (To get up) - Je me lèverais, Tu te lèverais, Il(Elle)(On) se lèverait, Nous nous lèverions, Vous vous lèveriez, Ils(Elles) se lèveraient

Lire (To read) – Je lirais, Tu lirais, Il(Elle)(On) lirait, Nous lirions, Vous liriez, Ils(Elles) liraient

Marcher (To walk) – Je marcherais, Tu marcherais, Il(Elle)(On) marcherait, Nous marcherions, Vous marcheriez, Ils(Elles) marcheraient

Parler (To speak, To talk) – Je parlerais, Tu parlerais, Il(Elle)(On) parlerait, Nous parlerions, Vous parleriez, Ils(Elles) parleraient

Prendre (To take) – Je prendrais, Tu prendrais, Il(Elle)(On)

prendrait, Nous prendrions, Vous prendriez, Ils(Elles) prendraient

Répondre (To respond, To answer) – Je répondrais, Tu répondrais, Il(Elle)(On) répondrait, Nous répondrions, Vous répondriez, Ils(Elles) répondraient

Travailler (To work) – Je travaillerais, Tu travaillerais, Il(Elle) (On) travaillerait, Nous travaillerions, Vous travailleriez, Ils(Elles) travailleraient

Voyager (To travel) - Je voyagerais, Tu voyagerais, Il(Elle)(On) voyagerait, Nous voyagerions, Vous voyageriez, Ils(Elles) voyageraient

5 – 2 : LES VERBES IRRÉGULIERS

Être (To be) – Je serais, Tu serais, Il(Elle)(On) serait, Nous serions, Vous seriez, Ils(Elles) seraient

Avoir (To have) – J'aurais, Tu aurais, Il(Elle)(On) aurait, Nous aurions, Vous auriez, Ils(Elles) auraient

Aller (To go) – J'irais, Tu irais, Il(Elle)(On) irait, Nous irions, Vous iriez, Ils(Elles) iraient

Faire (To do, To make) – Je ferais, Tu ferais, Il(Elle)(On) ferait, Nous ferions, Vous feriez, Ils(Elles) feraient

Venir (To come) – Je viendrais, Tu viendrais, Il(Elle)(On) viendrait, Nous viendrions, Vous viendriez, Ils(Elles) viendraient

Voir (To see) – Je verrais, Tu verrais, Il(Elle)(On) verrait, Nous verrions, Vous verriez, Ils(Elles) verraient

Envoyer (To send) – J'enverrais, Tu enverrais, Il(Elle)(On) enverrait, Nous enverrions, Vous enverriez, Ils(Elles) enverraient

Savoir (To know) – Je saurais, Tu saurais, Il(Elle)(On) saurait, Nous saurions, Vous sauriez, Ils(Elles) sauraient

Pouvoir (**Attention : could**) – Je pourrais (I could), Tu pourrais, Il(Elle)(On) pourrait, Nous pourrions, Vous pourriez, Ils(Elles) pourraient

Devoir (**Attention : should**) – Je devrais (I should), Tu devrais, Il(Elle)(On) devrait, Nous devrions, Vous devriez, Ils(Elles) devraient

Vouloir (To want) – **Je voudrais** (I would like), Tu voudrais, Il(Elle)(On) voudrait, Nous voudrions, Vous voudriez, Ils(Elles) voudraient

Recevoir (To receive) – Je recevrais, Tu recevrais, Il(Elle)(On) recevrait, Nous recevrions, Vous recevriez, Ils(Elles) recevraient

NOTES

5 – 3 : LE NÉGATIF

(Tip – always remember that 'pas' comes after the first verb)

Manger – to eat

Je ne mangerais pas	I wouldn't eat
Tu ne mangerais pas	You wouldn't eat
Il(Elle)(On) ne mangerait pas	He/She/One wouldn't eat
Nous ne mangerions pas	We wouldn't eat
Vous ne mangeriez pas	You wouldn't eat
Ils(Elles) ne mangeraient pas	They wouldn't eat

Se coucher – to go to bed

Je ne me coucherais pas	I wouldn't go to bed
Tu ne te coucherais pas	You wouldn't go to bed
Il(Elle)(On) ne se coucherait pas	He/She/One wouldn't go to bed
Nous ne nous coucherions pas	We wouldn't go to bed
Vous ne vous coucheriez pas	You wouldn't go to bed
Ils(Elles) ne se coucheraient pas	They wouldn't go to bed

NOTES

5 – 4 : HYPOTHETICAL SENTENCES

(Si + imparfait, conditionnel)

A.   Si J'avais de l'argent, Je voyagerais en juin.

If I had money, I would travel in June.

B.   Si elle avait le temps, elle cuisinerait pour la fête des mères.

If she had time, she would cook for Mother's day.

C.   S'ils étaient disponibles, ils participeraient à la réunion de famille.

If they were available, they would participate in the family reunion.

D.   Si le directeur arrivait à l'heure, le concert commencerait à sept heures comme prévu.

If the director arrived on time, the concert would begin at seven O'clock as planned.

E.   S'il pleuvait, les enfants joueraient à l'intérieur.

If it rained, the children would play inside.

EXERCICES

A. Write the following in the Conditionnel

1. Je déjeune au restaurant.

2. Elle aime beaucoup cette robe.

3. Il voit bien avec ses nouvelles lunettes.

4. La décoratrice choisit les couleurs pour la nouvelle maison de ma sœur.

5. Ils marchent tous les jours en été.

B. Write each sentence above in the Negative after putting them in the Conditionnel

C. Write the following in French :C-1

1. Could you tell me where is the Post Office? (formal)

2. I would like to travel more often.

3. With more money, I would buy a car.

4. Without your help, it would be difficult.

5. You should listen to your parents (Tu, Vous) .

C-2

1. If she had the time, she would go to Nice.

2. If I took photos, I would have memories.

3. If they went to Australia by plane, the flight would take almost twenty nine hours.

4. If she read out loud, she would learn the language easier.

5. If we walked everyday, we would lose weight.

-

NOTES

NOTES

CHAPTER 6

PRONOMS TONIQUES

Les Pronoms Tonique remplacent seulement des personnes :

MOI

TOI

LUI

ELLE

NOUS

VOUS

EUX

ELLES

6 – 1 : THE PRONOM TONIQUE IS USED AFTER A PREPOSITION :

chez, avec, sans, pour, contre, à côté de, près de, en face de, derrière, devant :

chez Paul/ chez lui

à côté de mes amis/ à côté d'eux

avec la directrice/ avec elle

6 – 2 : IN THE EXPRESSIONS :

MOI AUSSI = me too

TOI AUSSI = you too

LUI AUSSI = him too/ he too

ELLE AUSSI = her too

NOUS AUSSI = we too/ us too

VOUS AUSSI = you too

EUX AUSSI = them too/ they too

ELLES AUSSI = them too/ they too

6 – 3 : IN THE EXPRESSIONS :

MOI NON PLUS = me neither

TOI NON PLUS = you neither

LUI NON PLUS = he neither

ELLE NON PLUS = she neither

NOUS NON PLUS = we neither

VOUS NON PLUS = you neither

EUX NON PLUS = them neither/ they neither

ELLES NON PLUS = them neither/ they neither

NOTES

LES EXERCICES

A. Replace the underlined noun with the Tonique Pronoun :

1. Je vais chez <u>Susan.</u>

2. Il mange avec <u>ses enfants</u>.

3. Elle est devant <u>John</u> quand ils chantent dans la chorale.

4. Les enfants arrivent chez <u>Paul</u>.

5. Ma mère cuisine pour <u>ma sœur et moi</u>.

B. Answer with AUSSI or NON PLUS :

1. Paul parle français. Et <u>Lisa</u>?

2. J'aime Paris. Et <u>vous</u> ?

3. Je n'habite pas à Londres. Et <u>Frank</u> ?

4. Ma famille ne mange pas de porc. Et <u>votre famille et vous</u> ?

5. Mes enfants se couchent à huit heures précises. Et <u>vos enfants</u> ?

NOTES

CHAPITRE 7

PRONOUNS DIRECT (PRONOMS DIRECT)

A pronoun is a word replacing a noun. There are several kinds of pronouns. In this chapter, we will discuss Direct pronouns.

Note : *'Le, La, Les'* pronouns are used in front of a direct verb (meaning him, her, them), not to mistake with *'Le, La, Les'*, articles (meaning 'the') that always precede a noun.

LES PRONOMS DIRECTS

(Les pronoms directs sont utilisés avec un verbe direct (un verbe sans préposition) et ils sont utilisés pour ne pas répéter le nom d'une personne ou le nom d'un objet: **The direct** *pronouns are used with a direct verb without a preposition and they are used to not repeat a name of a person or a noun)*

(Les pronoms directs sont placés avant le verbe : The direct pronouns are placed before the verb)

7 – 1 : LA LISTE DES PRONOMS DIRECTS: A LIST OF THE DIRECT PRONOUNS

ME (m')

TE (t')

LE (l')

LA (l')

NOUS

7 – 2 : USING THE DIRECT PRONOUNS IN THE PRESENT TENSE

Connaitre quelqu'un – To know someone

Je le connais – I know him

Il me connait – He knows me

Je la connais – I know her

Elle nous connait – She knows us

Je les connais – I know them

Je te connais – I know you

Je vous connais – I know you

Prendre quelque chose – To take something

Je prends le bus – I take the bus

Je le prends – I take it

Je prends la voiture – I take the car

Je la prends – I take it

7 – 3 : SOME VERBS THAT USE DIRECT PRONOUNS

Acheter quelque chose – to buy something

Appeler quelqu'un – to call someone

Aimer quelqu'un – to love someone

Attendre quelque chose/quelqu'un – to wait for something/someone

Chercher quelque chose/quelqu'un – to look for/search for something or someone

Écouter quelque chose/quelqu'un – to listen to something/someone

Entendre quelque chose/quelqu'un – to hear something/someone

Inviter quelqu'un – to invite someone

Manger quelque chose – to eat something

Prendre quelque chose – to take something

Regarder quelque chose/quelqu'un – to look at something/someone

Rencontrer quelqu'un – to meet someone for the first time or by chance

Trouver quelque chose/quelqu'un – to find something/someone

Voir quelque chose/quelqu'un – to see something/someone

7 – 4 : USING THE DIRECT PRONOUNS IN THE NEGATIVE FORM – PRESENT TENSE

(NE + pronom + verbe + PAS)

1. a. Oui, je le connais.

    b. Non, je ne le connais pas.

2. a. Elle l'appelle tous les jours.

    b. Elle ne l'appelle pas tous les jours.

3. a. Nous les trouvons facilement

    b. Nous ne les trouvons pas facilement.

NOTES

7 – 5 : USING THE DIRECT PRONOUNS IN THE PAST TENSE (PASSÉ COMPOSÉ)

(Tip: Position of the pronoun comes before the auxiliary 'avoir')

J'ai pris le bus	I took the bus
Je l'ai pris	I took it
Tu l'as pris	You took it
Il/Elle/On l'a pris	He/She/One took it
Nous l'avons pris	We took it
Vous l'avez pris	You took it
Ils/Elles l'ont pris	They took it

(When the direct pronoun is plural, put an extra 'S' to the past participle)

J'ai invité mes amis	I invited my friends
Je les ai invités	I invited them
Tu les as invités	You invited them
Il/Elle/On les a invités	He/She/One invited them
Nous les avons invités	We invited them
Vous les avez invités	You invited them
Ils/Elles les ont invités	They invited them

NOTES

7 - 6 : USING THE DIRECT PRONOUNS IN THE NEGATIVE FORM - PAST TENSE

(Tip: Pas always comes after the first verb)

(NE + pronom + auxiliaire avoir + PAS + participe passé)

Je n'ai pas vu Paul	I didn't see Paul
Je ne l'ai pas vu	I didn't see him
Tu ne l'as pas vu	You didn't see him
Il/Elle/On ne l'a pas vu	He/She/One didn't see him
Nous ne l'avons pas vu	We didn't see him
Vous ne l'avez pas vu	You didn't see him
Ils/Elles ne l'ont pas vu	They didn't see him

(When the direct pronoun is feminine, put an extra 'e' to the past participle)

Je n'ai pas vu Jill	I didn't see Jill
Je ne l'ai pas vue	I didn't see her
Tu ne l'as pas vue	You didn't see her
Il/Elle/On ne l'a pas vue	He/She/One didn't see her
Nous ne l'avons pas vue	We didn't see her
Vous ne l'avez pas vue	You didn't see her
Ils/Elles ne l'ont pas vue	They didn't see her
Je n'ai pas appelé mes collègues	I didn't call my colleagues
Je ne les ai pas appelés	I didn't call them

Tu ne les as pas appelés	You didn't call them
Il/Elle/One ne les a pas appelés	He/She/One didn't call them
Nous ne les avons pas appelés	We didn't call them
Vous ne les avez pas appelés	You didn't call them
Ils/Elles ne l'ont pas appelés	They didn't call them

NOTES

7 – 7 : USING THE DIRECT PRONOUNS IN THE FUTUR PROCHE

(ATTENTION: POSITION du pronom avant l'infinitif : The position of the pronoun is before the infinitive)

(Tip : For the Negative, 'pas' comes after the first verb)

Je vais regarder la voiture	I am going to look at the car
Je vais la regarder	I am going to look at it
Je ne vais pas la regarder	I am not going to look at the car
Ils vont voir les animaux	They are going to see the animals
Ils vont les voir	They are going to see them
Ils ne vont pas les voir	They are not going to see them
Nous allons appeler ma mère	We are going to call my mother
Nous allons l'appeler	We are going to call her
Nous n'allons pas l'appeler	We are not going to call her

NOTES

7 – 8 : USING THE DIRECT PRONOUNS IN THE FUTUR SIMPLE

Je regarderai la voiture	I will look at the car
Je la regarderai	I will look at it
Je ne la regarderai pas	I will not look at it
Ils verront les animaux	They will see the animals
Ils les verront	They will see them
Ils ne les verront pas	They will not see them
Nous appellerons ma mère	We will call my mother
Nous l'appellerons	We will call her
Nous ne l'appellerons pas	We will not call her

NOTES

EXERCICES

A. Use the Direct Pronouns – Le, La, L', Les to answer the questions in the positive in the Present Tense

1. Est-ce que tu prends souvent le bus ?

2. Est-ce que vous connaissez le restaurant 'Olive Garden' ? C'est un restaurant très populaire.

3. Est-ce que tu invites tes amis au restaurant de temps en temps ?

4. Est-ce qu'ils appellent leur mère tous les jours ?

5. Est-ce qu'elle regarde la télé le soir ?

B. Using the Direct Pronouns answer the above questions in the negative in the Present Tense

C. Using the Direct Pronouns answer the questions below in the positive in the Past Tense

1. Est-ce qu'il a rencontré Barack Obama ?

2. Est-ce qu'ils ont quitté leur travail ?

3. Est-ce que tu as pris le petit-déjeuner seul ce matin?

4. Est-ce qu'elle a appelé sa mère ?

5. Est-ce que les enfants ont entendus les oiseaux ?

D. Using the Direct Pronouns answer the 5 questions above in the negative in the Past Tense

E. Using the Direct Pronouns answer the 5 questions below in the positive using Futur Proche

1. Est-ce que tu vas appeler tes amis ?

2. Est-ce qu'elle va regarder la télé ce soir ?

3. Est-ce qu'ils vont chercher la porte de sortie ? (The exit door)

4. Est-ce que nous allons trouver le musée facilement ?

5. Est-ce que vous allez prendre le petit déjeuner à sept heures demain?

F. Using the Direct Pronouns answer the 5 questions above in the negative using Futur Proche

G. Using the Direct Pronouns answer the 5 questions below in the positive using the Futur Simple

1. Est-ce que tu appelleras tes amis ?

2. Est-ce qu'elle regardera la télé ce soir ?

3. Est-ce qu'ils chercheront la porte de sortie ?

4. Est-ce que nous trouverons le musée facilement ?

5. Est-ce que vous prendrez le petit déjeuner à sept heures demain ?

H. Using the Direct Pronouns answer the 5 questions above in the negative using Futur Simple

NOTES

NOTES

INDIRECT PRONOUNS (LES PRONOMS INDIRECTS)

In this chapter, we will discuss *Indirect Pronouns*.

(Les pronoms indirects remplacent les personnes pour les verbes qui utilisent « à + quelqu'un » : The indirect pronouns replace people when using verbs that use "à + someone".

(Les pronoms indirects sont placés avant le verbe : The indirect pronouns are placed before the verb)

8 – 1 : LA LISTE DES PRONOMS INDIRECTS: THE LIST OF THE INDIRECT PRONOUNS

ME (m')

TE (t')

LUI (Him or Her)

NOUS

VOUS

LEUR (Never put 's')

NOTE: Do not mistake 'Leur' pronoun that always goes with a verb and never takes an 's' with 'Leur' adjective possessive that always precede a noun and takes an 's' in the plural.

93

8 – 2 : USING THE INDIRECT PRONOUNS IN THE PRESENT TENSE

Demander à quelqu'un – *To ask someone*

Je demande <u>à Paul</u> s'il est content

Je LUI demande s'il est content

Dire quelque chose à quelqu'un – *To say/ tell someone*

Il ME dit qu'il est content

Donner quelque chose à quelqu'un – *To give something to someone*

La femme donne le dîner <u>aux enfants</u> à sept heures

La femme LEUR donne le dîner à sept heures

Écrire à quelqu'un – To write to someone

La fille écrit <u>à sa grand-mère</u> tous les mois

La fille LUI écrit tous les mois

Envoyer quelque chose à quelqu'un – *To send something to someone*

La grand-mère envoie chaque année une carte de Noël <u>aux trois garçons</u>

La grand-mère LEUR envoie chaque année une carte de Noël

Montrer quelque chose à quelqu'un – *To show*

Je montre ma nouvelle robe <u>à ma sœur</u>

Je LUI montre ma nouvelle robe

Offrir quelque chose à quelqu'un– *To offer something to someone*

Mes parents NOUS offrent des fleurs

Parler *à* **quelqu'un**– *To speak to someone*

Le professeur TE parle très vite

Poser une question à quelqu'un – *To ask a question to someone*

L'élève pose une question <u>au professeur</u> sur les devoirs

L'élève LUI pose une question sur les devoirs

Répondre *à quelqu'un – To respond/answer*

Le secrétaire répond rapidement <u>aux écrivains</u>

Le secrétaire LEUR répond rapidement

Ressembler à quelqu'un – *To look like someone*

Il ressemble <u>à son père</u>

Il LUI ressemble

Téléphoner à quelqu'un – *To telephone someone*

Elle téléphone <u>à son patron</u> quand elle est en retard

Elle LUI téléphone quand elle est en retard

Vendre quelque chose à quelqu'un – *To sell something to someone*

Le vendeur vend des vêtements <u>aux gens</u> à très bas prix

Le vendeur LEUR vend des vêtements à très bas prix

NOTES

8 – 3 : NEGATIVE FORM

(NE + pronom + verbe + PAS)

Il ne répond pas **à ses collègues**	He does not respond to his colleagues
Il NE <u>leur</u> **répond** PAS	He does not respond to them
Elle NE <u>me</u> dit PAS bonjour	She does not tell me Hello

Le garçon NE demande PAS **à son père** un nouveau jeu

The boy does not ask his father for a new game

Le garçon NE <u>lui</u> demande PAS	The boy does not ask him
Les enfants NE <u>t'</u>**écrivent** PAS	The children do not write to you
Les enfants NE <u>vous</u> **écrivent** PAS	The children do not write you

NOTES

8 – 4 : USING INDIRECT PRONOUNS IN THE PASSÉ COMPOSÉ

J'ai parlé à Suzanne	I spoke to Suzanne
Je lui ai parlé	I spoke to her
Tu lui as parlé	You spoke to her
Il lui a parlé	He spoke to her
Elle lui a parlé	She spoke to her
On lui a parlé	One spoke to her
Nous lui avons parlé	We spoke to her
Vous lui avez parlé	You spoke to her
Ils lui ont parlé	They spoke to her
Elles lui ont parlé	They spoke to her (feminine)

Le garçon a demandé un nouveau jeu **à son** père – The boy asked his father for a new toy

Le garçon lui a demandé un nouveau jeu – The boy asked him for a new toy

Le garçon t'a demandé un nouveau jeu – The boy asked you for a new toy

Le garçon m'a demandé un nouveau jeu – The boy asked me for a new toy

Le garçon nous a demandé un nouveau jeu – The boy asked us for a new toy

Le garçon vous a demandé un nouveau jeu – The boy asked you for a new toy

Le garçon <u>leur</u> a demandé un nouveau jeu – The boy asked them for a new toy

Les enfants ont écrit une lettre <u>à leurs parents</u> – The children wrote a letter to their parents

Les enfants <u>leur</u> ont écrit une lettre – The children wrote them a letter

Les enfants <u>m'</u>ont écrit une lettre – The children wrote me a letter

Les enfants <u>t'</u>ont écrit une lettre – The children wrote you a letter

Les enfants <u>lui</u> ont écrit une lettre – The children wrote him/her a letter

Les enfants <u>nous</u> ont écrit une lettre – The children wrote us a letter

Les enfants <u>vous</u> ont écrit une lettre – The children wrote you a letter

NOTES

8 – 5 : USING THE INDIRECT PRONOUNS IN THE NEGATIVE FORM - PAST TENSE

(Tip: PAS always comes after the first verb)

(NE + pronom + auxiliaire avoir + PAS + participe passé)

Les citoyens n'ont pas écrit beaucoup de lettres <u>au Gouverneur</u> – The citizens did not write a lot of letters to the Gouvernor.

Les citoyens NE <u>lui</u> ont PAS écrit beaucoup de lettres – The citizens did not write him a lot of letters.

Elle n'a pas montré <u>à ses amies</u> ses robes pour son mariage – She did not show her friends her dresses for her marriage.

Elle NE <u>leur</u> a PAS montré ses robes pour son mariage – She did not show them her dresses for her marriage.

Le vendeur NE <u>nous</u> a PAS vendu la voiture – the salesman did not sell us the car.

NOTES

8 – 6 : USING THE INDIRECT PRONOUNS IN THE FUTUR PROCHE

(ATTENTION: POSITION du pronom avant l'infinitif : The position of the pronoun is before the infinitive)

(Tip : For the Negative, 'PAS' comes after the first verb)

Il va demander **à son** père	He is going to ask his father
Il va lui demander	He is going to ask him
Il NE va PAS lui demander	He is not going to ask him
Susan va parler **à son amie**	Susan is going to speak to her friend
Susan va lui parler	Susan is going to speak to her
Susan NE va PAS lui parler	Susan is not going to speak to her

La serveuse va apporter une tasse de thé aux clients – The waitress is going to bring the clients a cup of tea.

La serveuse va leur apporter une tasse de thé – The waitress is going to bring them a cup of tea.

La serveuse NE va PAS leur apporter de tasse de thé – The waitress is not going to bring them a cup of tea.

NOTES

8 – 7 : USING THE INDIRECT PRONOUNS IN THE FUTUR SIMPLE

Il demandera <u>à son père</u>	He will ask his father
Il <u>lui</u> demandera	He will ask him
Il NE <u>lui</u> demandera PAS	He will not ask him
Susan parlera <u>à son amie</u>	Susan will speak to her friend
Susan <u>lui</u> parlera	Susan will speak to her
Susan NE <u>lui</u> parlera PAS	Susan will not speak to her

La serveuse apportera une tasse de thé <u>aux clients</u> – The waitress will bring the clients a cup of tea.

La serveuse <u>leur</u> apportera une tasse de thé – The waitress will bring them a cup of tea.

La serveuse NE <u>leur</u> apportera PAS de tasse de thé – The waitress will not bring them a cup of tea.

NOTES

EXERCICES

A. Use the Indirect Pronouns – Lui, Leur to answer the questions in the positive in the Present Tense

1. Est-ce que tu demandes une tasse de thé à la serveuse ?

2. Est-ce qu'elle téléphone à ses amis tous les jours ?

3. Est-ce qu'il offre un bouquet de fleurs à sa femme chaque vendredi ?

4. Est-ce que vous parlez souvent à votre mère ?

5. Est-ce qu'ils posent des questions à leur avocat ?

B. Using the Indirect Pronouns answer the above questions in the negative in the Present Tense

C. Using the Indirect Pronouns answer the questions below in the positive in the Past Tense

1. Est-ce que tu as demandé à Paul s'il voulait une tasse de thé ?

2. Est-ce qu'elle a téléphoné à ses amies hier?

3. Est-ce qu'il a offert un bouquet de fleurs à sa femme vendredi dernier ?

4. Est-ce qu'ils ont posé des questions à leur avocat ?

5. Est-ce qu'elle a envoyé des cartes de Noël à tous ses cousins ?

D. Using the Indirect Pronouns answer the 5 questions above in the negative in the Past Tense

E. Using the Indirect Pronouns answer the 5 questions below in the positive using Futur Proche

1. Est-ce que tu vas demander à Paul s'il veut une tasse de thé ?

2. Est-ce qu'elle va téléphoner à ses parents ?

3. Est-ce qu'elle va parler à sa mère demain ?

4. Est-ce que nous allons offrir des vêtements aux gens pauvres ?

5. Est-ce qu'ils vont écrire une lettre à leur avocat ?

F. **Using the Indirect Pronouns answer the 5 questions above in the negative using Futur Proche**

G. **Using the Indirect Pronouns answer the 5 questions below in the positive using the Futur Simple**

1. Est-ce que tu demanderas à Paul s'il veut une tasse de thé ?

2. Est-ce qu'elle téléphonera à ses amies demain ?

3. Est-ce qu'elle parlera à sa mère ?

4. Est-ce que nous offrirons des vêtements aux gens pauvres ?

5. Est-ce qu'ils écriront une lettre à leur avocat ?

H. **Using the Indirect Pronouns answer the 5 questions above in the negative using Futur Simple**

NOTES

NOTES

CHAPTER 9

LES CONNECTEURS

9 – 1 :

Parce que - Because

Pendant que – While

Tant que – As long as

Alors que – Whereas

C'est pourquoi – That's why

Si - If

Même si – Even if/though

9 – 2 : LES PHRASES :

A. Elle a appris l'espagnol en plus du français <u>parce que</u> son travail exigeait une personne trilingue. – She learned Spanish in addition to French <u>because</u> her job required a tri-lingual person.

B. Nous pouvons aller à la plage <u>pendant que</u> tu vas à la piscine. – We can go to the beach <u>while</u> you go to the pool.

C. Elle conduira <u>tant qu</u>'elle pourra bien voir – She will drive <u>as long as</u> she will be able to see well.

D. Ils s'inquiétaient pour les enfants <u>alors qu</u>'ils allaient bien. – They were worried about the children <u>whereas</u> they were Ok.

E. La petite fille a joué sous la pluie, <u>c'est pourquoi</u> elle a un rhume (a cold) – The little girl played in the rain, <u>that's why</u> she has a cold.

F. Nous pouvons arriver aux Caraïbes en trois heures <u>si</u> nous prenons un vol direct. – We can arrive in the Caribbean in three hours <u>if</u> we take a direct flight.

G. D'habitude nous allumons le chauffage en septembre <u>même si</u> c'est très cher. – Usually we turn on the heat in September <u>even if</u> it is expensive.

NOTES

EXERCICES

A. Choose the right connector from the list to link the two phrases :

Parce que, Pendant que, C'est pourquoi, Si, Même si

1. Je vais dormir/ je suis fatigué.

2. Son bus était en retard/ elle a raté son rendez-vous.

3. Nous pouvons toujours aller à New York avec cette voiture/ il neige.

4. Elle arrivera tôt au travail/ elle prend un taxi.

5. Pendant le concert, les garçons jouaient de la flate/ les filles dansaient.

B. Cross out the wrong connectors:

1. Il fait beau en France *parce que/ alors que* il fait froid à New-York.

2. Ses parents travaillent *pendant que/ si/ tant que* elle est à l'école.

3. Les passagers arriveront à l'heure à leur rendez-vous *c'est pourquoi/ tant que/ même si* l'avion est en retard.

4. Il mangeait beaucoup *tant que/ si/ parce que* il avait faim.

5. Elle parlait au téléphone pendant la cuisson *même si/ si/ c'est pourquoi* la plat a cramé (burned).

C. Translate the following sentences :

1. Elle conduira sur l'autoroute tant qu'il fera beau.

2. Le mariage aura lieu dehors s'il ne pleut pas.

3. Le chien reste silencieux tant que son propriétaire est avec lui.

4. Quand les élèves apprenaient le francais, ils lisaient à haute voix ; c'est pourquoi ils parlent francais très bien.

5. Le bébé pleure beaucoup parce qu'il a faim.

NOTES

CHAPTER 10

LES DIFFÉRENTES NÉGATIONS – THE DIFFERENT NEGATIONS

10 – 1 :

Ne…pas (not)

Ne…rien (nothing/anything)

Ne…jamais (never)

Ne…plus (not any more)

Ne…pas encore (not as yet)

Ne…personne (no one/anyone)

Ne…que (only)

(Tip : For the position – NE + 1st verb + PAS /RIEN/JAMAIS/ PLUS/PAS ENCORE)

(ATTENTION : Pour <u>PERSONNE</u> et <u>QUE</u> – *Different position* :

Pour PERSONNE after the last verb – Il n'a écouté PERSONNE – He didn't listen to anyone ;

Pour QUE it is placed in front of the group of words linked logically with ONLY – Je ne bois du vin QU'avec mes amis – I only drink wine with my friends)

LES PHRASES

10 – 2 : THE PRESENT TENSE (LE PRÉSENT) :

1. Je ne mange pas de poisson – I do not eat fish.

2. Je ne vois rien – I do not see anything/I see nothing.

3. Nous ne parlons jamais à nos cousins – We never speak to our cousins.

4. Il ne lit plus – He does not read anymore.

5. Elle ne se couche plus tôt – She does not go to bed early anymore.

6. Elles ne voient pas encore le soleil – They do not see the sun as yet.

7. Il n'entend personne – He does not hear anyone/He hears no one.

8. Je ne mange que du poisson et des légumes – I only eat fish and vegetables.

10 – 3 : THE PAST TENSE (LE PASSÉ COMPOSÉ) :

1. Je n'ai pas mangé de poisson – I did not eat fish.

2. Je n'ai rien vu – I did not see anything/I saw nothing.

3. Nous n'avons jamais parlé à nos cousins – We have never spoken to our cousins.

4. Elles ne sont jamais allées en Australie – They've never been to Australia.

5. Il n'a plus lu – He did not read anymore.

6. Elles n'ont pas encore vu le soleil – They did not see the sun as yet.

7. Il n'a entendu personne – He did not hear anyone/He heard no one (<u>Attention : Position different after the last verb</u>).

8. Je n'ai mangé que du poisson et des légumes – I only ate fish and vegetables (<u>Attention : Position different after the last verb</u>).

10 – 4 : THE FUTURE (LE FUTUR PROCHE) :

1. Je ne vais pas manger de poisson – I am not going to eat fish.

2. Je ne vais rien voir – I am not going to see anything.

3. Nous n'allons jamais parler à nos cousins – We are never going to speak to our cousins.

4. Il ne va plus lire – He is not going to read anymore.

5. Elles ne vont pas encore voir le soleil – They are not going to see the sun as yet.

6. Il ne va entendre personne – He is not going to hear anyone (<u>Attention : Position different after the last verb</u>).

7. Je ne vais manger que du poisson et des légumes – I am only going to eat fish and vegetables (<u>Attention : Position different after the last verb</u>).

NOTES

LES EXERCICES

Translate the following into French

A.

1. She does not walk fast

2. They do not say anything when the teacher comes into class

3. He never eats meat

4. We do not visit Canada anymore

5. I do not hear the bird as yet

6. They do not see anyone

7. You only speak French and English

B.

1. She did not speak in church on Sunday

2. They did not say anything when the teacher came to class

3. He has never eaten meat

4. We did not visit Canada anymore

5. I did not hear the bird as yet

6. They did not see anyone

7. You only spoke French on the Interview

C.

1. She is not going to speak in church

2. They are not going to cook anything tonight

3. We are never going to eat pork

4. He is not going to sing anymore

5. They are not going to call anyone

6. We are only going to eat two croissants.

NOTES

NOTES

CHAPTER 11

THE COMPARATIVES (LES COMPARAISONS)

11 – 1 :

The Comparatives give the comparison of an adverb or an adjective:

a.   Plus + adjective + que (more..........than)

b.   Aussi + adjectif + que (as...........as)

c.   Moins + adjective + que (less...........than)

Paul est plus grand que Lisa – Paul is taller than Lisa

Paul est aussi grand que Lisa – Paul is as tall as Lisa

Paul est moins grand que Lisa – Paul is less tall than Lisa

11 – 2 :

a.   Plus + adverb + que

b.   Aussi + adverb + que

c.   Moins + adverb + que

Il parle plus lentement que moi – He speaks more slowly than me

Il parle aussi lentement que moi – He speaks as slowly as me

Il parle moins lentement que moi – He speaks less slowly than me

11-3 :

Comparison of a noun (about the quantity of something) :

Plus de + noun + que (more + noun + than)

Autant de + noun + que (as much/as many + noun + as)

Moins de + noun + que (less/fewer + noun + than)

J'ai plus de stylos que ma sœur – I have more pens than my sister

J'ai autant de stylos que ma sœur – I have as many pens as my sister

J'ai moins de stylos que ma sœur – I have fewer pens than my sister

NOTES

LES EXERCICES

Make a comparison for each sentence and make more than one comparison when it is possible.

1. Paul a 5 ans et Lisa a 8 ans.

2. Paul a 3 voitures. Lisa a 3 voitures.

3. Paul lit le journal en 20 minutes et Lisa lit le journal en 30 minutes.

4. Paul a étudié 3 langues. Lisa a étudié 5 langues.

5. Paul et Lisa ont la double nationalité. Paul a 2 passeports. Lisa a 2 passeports.

NOTES

CHAPTER 12
DIALOGUES 1, 2, 3, 4, 5 & 6

DIALOGUE 1 : UN SAMEDI MATIN

Maman: Tommy réveille-toi, c'est samedi, aujourd'hui est notre jour de courses. Je dois aller à la banque et après je dois aller au supermarché.

Tommy : Je viens avec toi. Quelle heure est-il?

Maman : Il est 9h.

Tommy : Ok, allons-y!

Maman: (au supermarché) Tommy, quels fruits est-ce que <u>tu voudrais</u> avoir cette semaine?

Tommy : Du raisin, des ananas et des bananes.

Maman : Tu penses que ta sœur <u>voudrait</u> quoi?

Tommy : La même chose. Maman, est-ce que tu es fatiguée?

Maman : Oui, je suis fatiguée. Mettons les courses dans notre voiture et rentrons à la maison et après nous pouvons aller à la plage.

Tommy : Bonne idée. Il fait beau.

(Ils rentrent chez eux et récupèrent le père et la petite sœur, Jenna puis ils vont tous à la plage).

Jenna : J'ai peur de nager alors je vais jouer sur le sable.

Tommy : Je vais nager <u>pendant que</u> maman et papa sont allongés au soleil.

Maman : Jenna, Tommy, <u>vous devriez</u> mettre de la crème solaire (sunscreen).

(Après 2 heures à la plage ils rentrent à la maison)

Papa : Je veux emmener la famille au restaurant ce soir.

Maman: Ah! Pourquoi pas ?

LES EXERCICES

Find the word, phrase or sentence that tells :

1. Let's go.

2. Good idea.

3. The weather is nice.

4. They go home.

5. Sunscreen.

NOTES

DIALOGUE 2 : AU RESTAURANT

La serveuse (the waitress) : Bonjour, <u>Je m'appelle</u> Christy et je suis votre serveuse ce soir. Voici la carte. Je vais revenir prendre vos commandes (orders) dans quelques minutes.

(Après quelques minutes)

La serveuse : Est-ce que vous avez choisi ?

Papa : D'abord nous allons prendre un apéritif, <u>nous voudrions</u> une bouteille de rosé et du jus de fruits pour les enfants. Ensuite, comme entrée, <u>on voudrait</u> des crevettes grillées (grilled shrimps) à partager.

Maman: Je vais prendre le saumon avec du riz et de la salade.

Papa: Et moi, je vais prendre le filet de bœuf. Est-ce que je peux avoir des frites au lieu des légumes ? Pour les enfants, deux menus enfants avec "nuggets-frites" s'il vous plaît.

La serveuse : Pour votre filet de bœuf, quelle cuisson ?

Papa : À point (medium).

(Après quelques minutes, la serveuse revient à la table avec les plats).

La serveuse : Bon appétit.

Maman : Est-ce que nous pouvons avoir un peu de pain ?

La serveuse : Oui, bien sûr. Je vous l'apporte.

(À la fin du repas)

La serveuse : Tout s'est bien passé (Everything went well/Everything was ok)?

Tout le monde : C'était délicieux.

Tommy and Jenna : <u>Nous nous sommes régalés.</u>

La serveuse : Est-ce que vous voulez un dessert?

Papa : Une part (slice) de gâteau au chocolat et un café.

Maman : La même chose pour moi.

Tommy : Une glace au chocolat.

Jenna : Une crème brûlée.

(Après les desserts, la serveuse revient)

Papa : Est-ce que vous pouvez nous apporter l'addition ?

(La serveuse revient avec l'addition. Papa paie et laisse un pourboire (a tip)).

LES EXERCICES

Find the word, phrase or sentence that tells :

1. How does the waitress asks if they are ready to order?

2. How does the father like his meat?

3. How do you say "a little bit of bread"?

4. How does the waitress asks if "Everything went well"?

5. How do you say "A slice of chocolate cake".

6. How do you say "The bill".

7. How do you say "A tip".

NOTES

DIALOGUE 3 : LE SPECTACLE DE DAUPHINS

Maman: Tommy, réveille-toi! Nous allons au spectacle des dauphins (a Dolphins show) ce matin. Ta soeur s'est réveillée il y a une heure et ton papa et moi nous nous sommes levés tôt.

Tommy : Je suis réveillé, Maman!

Maman: Ta soeur se brosse les dents et après elle va prendre sa douche et ton père est habillé. Tommy lève-toi maintenant!

Jenna: Maman, est-ce que Tommy s'est réveillé?

Maman: Oui, il se prépare.

Jenna: Tommy, nos amis attendent, nous allons les voir au spectacle.

Papa: Où est Tommy?

Tommy: Je suis dans la salle de bain, je me brosse les dents et aussi je me douche.

Papa: Tu t'es couché tard hier soir c'est pourquoi tu t'es réveillé en retard. Jenna, ta mère et moi, nous sommes déjà prêts à partir. Nous t'attendons.

Tommy: Ok Papa.

(Tommy s'habille et rejoint la famille. Ils partent pour le spectacle des dauphins).

Maman: Est-ce que tu te souviens que Fred et sa famille vont partir avec nous?

Papa: Oui. Je l'ai appelé.

(Fred et sa famille les rejoignent et ils vont tous au spectacle ensemble. Au spectacle, Papa salue une autre famille qu'il a également invitée à les rejoindre).

Papa: Bonjour Shawn. Voici ma femme Molly et nos deux enfants

Tommy et Jenna. Je vous présente aussi nos bons amis Fred et sa famille.

Shawn à Molly et Fred: Bonjour je m'appelle Shawn et voici ma femme Sheila et notre fils Ben.

Molly: Enchantée de faire votre connaissance et nous espérons que vous continuerez à venir avec nous voir différents spectacles.

Ben à Tommy : Tu t'appelles comment?.

Tommy: Je m'appelle Thomas, tu peux m'appeler Tommy.

Ben: Comment s'appelle ta sœur?.

Tommy: Elle s'appelle Jenna.

(Ils sont tous assis ensemble au spectacle).

Tommy à Papa : Papa est-ce que Jenna, Ben et moi pouvons nous asseoir devant ?

Papa: Oui, allez-y (go ahead).

(Après le spectacle, ils vont à la réception).

Shawn: Merci Henry (Papa) de nous avoir invités à ce fabuleux spectacle. Les dauphins étaient amusants. Nous avons beaucoup apprécié.

Fred: Oui, en effet (indeed). Les enfants étaient tellement excités.

Papa: Avec plaisir. Vous devez tous les deux revenir s'il vous plaît.

Shawn et Fred : Merci.

Papa : Je vous en prie (you are welcome). Maintenant nous allons rentrer à la maison et après ce merveilleux moment, nous allons faire une sieste (take a nap).

Fred: Oui, je pense que nous avons tous besoin d'une sieste.

Tout le monde: À bientôt!

EXERCICES

Find the word, phrase or sentence that tells :

1. I am brushing my teeth.

2. Do you remember.

3. Go ahead.

4. Indeed.

5. You are welcome.

6. Take a nap.

NOTES

DIALOGUE 4 : UN VOYAGE À PARIS

(Susan et Denise voyagent ensemble à Paris. Elles se retrouvent à l'aéroport).

Susan: Salut Denise !

Denise: Comment vas-tu ? Tu es prête pour le voyage ?

Susan: Tout va bien et je suis prête pour le voyage.

(Elles commencent à s'enregistrer).

Employé de la compagnie aèrienne: Vos passeports s'il vous plaît.

Susan: Voici le mien. Denise, où est ton passeport?

Denise: Il est ici.

Employé: Mettez vos bagages sur le tapis s'il vous plaît. Voici vos cartes d'embarquement (boarding passes).

Susan et Denise: Merci.

(Après avoir embarqué dans l'avion, elles arrivent à Paris après un vol de sept heures).

Susan au chauffeur de taxi: Est-ce que vous pouvez nous conduire à cette adresse s'il vous plaît?

Le chauffeur de taxi: Oui

Susan et Denise: Merci.

Le chauffeur de taxi (Elles sont arrivées): Vous êtes arrivée.

Susan et Denise: Merci.

Susan: Salut Kristy, ravie de te revoir (glad to see you again).

Denise: Est-ce que tu la connais?

Susan: Oui, elle habite près de l'hôtel. Nous nous sommes rencontrées quand je suis venue à Paris l'année dernière.

Kristy: C'est tellement agréable de te revoir.

Susan: C'est mon amie Denise. Elle vient aussi des États-Unis. Je l'ai invitée à venir avec moi voir Paris.

Kristy: C'est un plaisir de vous rencontrer.

Susan: Kristy, où est ton petit chien?.

Kristy: Je le cherche. Il était juste avec moi. Je vais le trouver facilement.

Denise: Comment s'appelle ton chien?

Kristy: Il s'appelle Pepper.

Denise: Où est-ce que tu vas pour le petit déjeuner ici à Paris?.

Susan: Il y a un très bon café qui sert un bon petit déjeuner le matin.

Kristy: J'ai trouvé Pepper. Susan, appelle-moi demain. Nous irons tous les trois déjeuner ou dîner.

Susan: D'accord, ça marche.

Denise: Kristy, où sont les belles boutiques de vêtements et les parfumeries à Paris ?

Kristy: Partout (everywhere)

Denise: Et quels bons restaurants est-ce que tu recommandes?

Kristy: Je vais vous retrouver demain et je vous emmener dans un bon restaurant.

Susan: Merci, Kristy.

(Susan et Denise arrivent à leur hôtel).

Denise: Quand est-ce que tu veux visiter le Louvre ?

Susan: Demain. Et après-demain nous pouvons aller au château de

Versailles et plus tard nous pouvons aller à la Tour Eiffel.

Denise: Super!

(Après trois jours de visite, elles vont faire du shopping).

Denise au vendeur: Bonjour, combien ça coûte ?

Le vendeur: Quatre-vingts euros.

Susan: Denise, c'est un beau châle (shawl).

Denise: Oui, je vais l'acheter.

Susan : Denise, c'est un beau châle mais c'est un peu cher.

Denise: Oui, c'est vrai mais je pense que je vais l'acheter pour avoir un souvenir. Où est-ce que nous allons après?

Susan: Nous allons déjeuner avec Kristy.

Denise: À quelle heure? Est-ce que tu lui as parlé ?

Susan: À midi.

Denise: J'ai hâte (I can't wait).

(Elles ont déjeuné ensemble et elles ont passé un bon après-midi).

EXERCICES

Find the word, phrase or sentence that tells :

1. Boarding passes.

2. Taxi driver.

3. Glad to see you again.

4. Everywhere.

5. How much does this cost?

6. A shawl.

7. I can't wait.

NOTES

DIALOGUE 5 : UN ÉLÈVE BRILLANT

(Jérémy dialogue avec son camarade de lycée Tony)

Tony: Jérémy, tu travailles très bien en classe, tu lis certainement beaucoup.

Jérémy: Oui, quand j'étais très petit ma mère me faisait lire beaucoup, elle disait: « Lire c'est réussir ». Sans oublier que chaque nuit avant d'aller au lit nous devions réciter nos prières et les dimanches faire la lecture de la Bible.

Tony: C'est bien, tu as toujours la bonne réponse, et tu t'exprimes comme le professeur, tu seras un grand orateur.

Jérémy: Je profite de mes vacances d'été pour voyager et visiter les bibliothèques universitaires, je tombe toujours sur une bibliothécaire très aimable qui me guide sur les meilleurs livres à choisir pour ma lecture.

Tony: Oh! Très bien, tu me disais que tu allais aussi aux Théâtres, aux concerts et au cinéma. J'aimerais bien avoir les mêmes opportunités que toi.

Jérémy: Oui, avec mes parents j'ai eu le plaisir de visiter un bon nombre de capitales européennes, ainsi que le Canada et les Caraïbes.

Tony: Quelles capitales d'Europe est-que tu as visité?

Jérémy: J'ai visité Paris, Londres, Berlin, Madrid, Rome, Berne, Amsterdam.

Tony: Et les musées et monuments aussi ?

Jérémy: Oui à Paris j'ai visité le musée du Louvre, l'Arc de Triomphe et La Tour Eiffel. C'était très impressionnant.

EXERCICES

Find the word, phrase or sentence for :

1. Classmate.

2. A great speaker.

3. The university libraries.

4. I always run into.

5. The museums.

6. It was very impressive.

NOTES

DIALOGUE 6 : UNE VISITE DANS UN PARC D'ATTRACTIONS

(Trois amies Marie, Grace et Brenda visitent un parc d'attractions)

Marie : C'est un endroit incroyable. Il y a beaucoup de choses à voir.

Grace: Oui, c'est vrai. <u>Je n'ai jamais vu</u> autant d'attractions en un seul endroit.

Marie : Brenda est en route. <u>Elle devrait</u> être ici dans une demi-heure.

(Après une demi-heure, Brenda arrive)

Brenda : Bonjour, par quoi est-ce que nous allons commencer ?

Marie: Nous pouvons regarder les manèges (the rides) d'abord.

Brenda : <u>Je voudrais</u> aller au parc aquatique.

Marie : Certainement ! Nous allons essayer de faire le plus de choses possible.

Grace : Oui, j'aime les parcs aquatiques et ça va être amusant !

Marie : <u>Nous irons</u> au parc aquatique après avoir mangé. Il y a beaucoup de choses à faire ici.

Brenda : Je suis d'accord.

(Les trois amies regardent les attractions et font quelques manèges).

Marie : Allons manger maintenant.

Grace : Super !

(Les trois amies achètent le déjeuner).

Marie : Qu'est-ce que vous préférez ? Des pizza ou des burgers ?

Grace : une pizza !

Brenda : Moi aussi !

Marie : Moi, je préfère un burger.

(Les trois amies déjeunent puis elles vont au parc aquatique).

Marie: L'eau a l'air agréable pour nager mais je n'ai pas mon maillot de bain. C'est dommage.

Grace: Ce parc aquatique est agréable.

Brenda: J'aime les manèges aquatiques.

Marie : Ils sont super !

Brenda : L'eau était très agréable et je m'amuse.

Grace : C'est clair! Après ça, allons voir le spectacle d'animation du soir !

Marie : Si nous arrivons tôt, nous aurons des sièges devant alors nous verrons mieux !

(Les trois amies quittent le parc aquatique et se préparent pour le spectacle d'animation ; c'est la fin de leur journée).

EXERCICES

Find the word, phrase or sentence that tells :

1. I have never seen.

2. The rides.

3. Water parks.

4. I agree.

5. The water.

6. A bathing suit.

7. That's too bad.

8. I am enjoying myself/I am having fun.

9. They are getting ready.

NOTES

VOCABULAIRE

ADJECTIVE   ADVERB

Masc / Fem / English / Adverb / English

Lent / Lente / (Slow) / Lentement / (Slowly)

Normal / Normale / (Normal) / Normalement (Normally)

Doux / Douce / (Soft) / Doucement (Softly)

Actif / Active / (Active) / Activement (Actively)

Discret / Discrète / (Discreet) / Discrètement (Discreetly)

Gracieux / Gracieuse / (Gracious) / Gracieusement (Graciously)

Immédiat / Immédiate / (Immediate) / Immédiatement (Immediately)

Agréable / Agréable / (Pleasant) / Agréablement (Pleasantly)

Sérieux / Sérieuse / (Serious) / Sérieusement / (Seriously)

Complet / Complète / (Complete) / Complètement (Completely)

Genti / Gentille / (Nice) / Gentiment / (Nicely)

Poli / Polie / (Polite) / Poliment (Politely)

Prudent / Prudente / (Careful) / Prudemment (Carefully)

Ferme / Ferme / (Firm) / Fermement (Firmly)

Facile / Facile / (Easy) / Facilement (Easily)

Difficile / Difficile / (Difficult) / Difficilement (with Difficulty)

Particulier / Particulière / (Particular) / Particulièrement (Particularly)

155

Heureux / Heureuse / (Happy) / Heureusement (Happily)

Malheureux / Malheureuse / (Unfortunate) / Malheureusement (Unfortunately)

Évident/ Évidente / (Obvious) / Évidemment (Obviously)

Patient / Patiente / (Patient) / Patiemment (Patiently)

Absolu / Absolue / (Absolute) / Absolument (Absolutely)

Vrai / Vraie / (True) / Vraiment / (Truly)

Seul / Seule / (Only/Alone) / Seulement (Only/Alone)

Énergique / Énergique / (Energetic) / Énergiquement (Energetically)

Adverbes de fréquence :

Toujours – always

Souvent – often

Quelquefois – sometimes

De temps en temps – from time to time

Rarement – rarely

Jamais – never

Aéroport (m) - Airport

Arrivée (f) – Arrival

Bagage (m) – Baggage

Billet (m) - Ticket

Carte d'embarquement (f) – Boarding pass

Classe économique – Economy class

Classe affaire – Business class

Compagnie aérienne – airline

Départ (m) – Departure

Douane (f) - Customs

Enregistrement (m) – Check-in

Hôtesse (f) – Stewardess

Identification (f) - Identification

Porte (f) – gate

Première classe – First class

Retardé(e) - Delayed

Siège côté couloir – Aisle seat

Siège côté fenêtre – Window seat

To Board - Embarquer

Vol (m) – flight

Voyages Domestiques (mpl) – Domestic Travel

Voyages Internationaux – International Travel

La Communauté – The Community

Appartement (m) – apartment

Bicyclette (f) – bicycle

Billet (m) - ticket

Boîte aux lettres (f) - mailbox

Bureau de poste (m) – post office

Bus (m) – bus

Camion (m) - truck

Caserne des pompiers (f) – fire station

Centre commercial (m) – mall

Complexes d'habitation (m) – housing complexes

Essence (f) – gasoline

Facteur (m) – post man

Film (m) - movie

Magasin (m) - store

Maison (f) – house

Moto (f) – motorcycle

Parc (m) - park

Piscine (f) – swimming pool

Plage (f) - beach

Police (f) – police

Pompier (m) – fire man

Poste de Police (m) – police station

Salle de cinéma (f) – movie theatre

Station essence (m) – gas station

Supermarché (m) – supermarket

Van (m) – van

Véhicule (f) - vehicle

Voiture (f) – car

Zoo (m) - zoo

La Cuisine – The Kitchen

Assiette (f) – plate

Comptoir (m) - countertop

Couteau (m) – knife

Cuillère (f) - spoon

Égouttoir à vaisselle (m) – dish rack

Évier (m) - sink

Four (m) – oven

Fourchette (f) – fork

Nourriture (f) - food

Placard (m) – cupboard

Plaque de cuisson (f) - stove

Plats – dishes

Poêle (m) – frying pan

Réfrigérateur (m) – fridge

Tasse (f) – cup

Tasse de thé (f) – teacup

Tiroir (m) - drawer

Verre (m) - glass

École (f) – School

Assistant (m) - assistant

Bureau (m) - desk

Cartable (m) - bookbag

Chaise (f) - chair

Classe (f) – class

Couloir (m) - hallway

Craie (f) - chalk

Crayon (m) – pencil

Élève (m) – student

Enseignant (m) - teacher

Étagère (f) – shelf

Gomme (f) - eraser

Livre (m) - book

Marqueur (m) – marker

Principal (m) - principal

Salle de classe (f) – classroom

Secrétaire (m) - secretary

Stylo (m) – pen

Table (f) - table

Tableau (m) – blackboard

Hôpital (m) - Hospital

Biopsie (f) – Biopsy

Bleu (m) - Bruise

Clinique – Clinic

Diagnostiquer - Diagnose

Docteur/médecin - Doctor

En consultation externe - Out patient

Fracture - Fracture

Infirmier(ère) – Nurse

Le bandage – the bandage

Médical – Medical

Les médicaments - medicine

Les urgences – Emergency room

Sang (m) – Blood

Seringue – Syringe

Maison (f) – house

Armoire (f) - cabinet

Canapé (m) – sofa/couch

Chaise (f) - chair

Chambre (f) – bedroom/room

Congélateur (m) - freezer

Couloir (m) - corridor

Couverture (f) - blanket

Cuisine (f) – kitchen

Drap (m) – bedsheet

Étagères (f) - shelves

Escalier (m) – stairs

Évier (m) – kitchen sink

Fenêtre (f) – window

Grenier (m) - attic

Four (m) - oven

Four micro-ondes (m) – microwave

Lavabo (m) – bathroom sink

Lave-vaisselle (m) - dishwasher

Lit (m) – bed

Machine à laver (f)– washing machine

Marche (f) - step

Meubles (m) – furniture

Mur (m) – wall

Oreiller (m) - pillow

Placard (m) - closet

Plafond (m) – ceiling

Plancher (m) – wood floor

Porte (f) - door

Les plaques de cuisson (f) - stove

Recycleur (m) – reclynder

Réfrigérateur (m) - fridge

Rideau (m) - curtain

Salle à manger (f) – dining room

Salle de bain (f) – bathroom

Sèche-linge – drying machine

Sol (m) - floor

Sous-sol (m) - basement

Table (f) - table

Taie d'oreiller (f) – pillow case

Tapis (m) – mat

Télévision (f) – television

Terrasse (f) – terrace/deck

Tiroir (m) - drawer

Toilettes (f) - toilets

Toit (m) - roof

Ordinateur (m) – Computer

Allumer – turn on

Appareil photo (m) – camera

Batterie (f) - battery

Bouton d'alimentation (m) – a power button

Chargeur (m) – charger

Clavier (m) – keyboard

Cordon (m) - cord

Écran (m) – screen

Éteindre – turn off

Prise (f) – plug

Moniteur (m) – monitor

Redémarrer – to restart

Se connecter – to log on

Souris (f) - mouse

Télécharger – to download

Trackpad (m) - touchpad

CHAPTER 1 – "ON"

LES EXERCICES

A. Conjugate the following verbs in the Present tense with "on" :

1. Être – on est

2. Aller – on va

3. Parler – on parle

4. Conduire – on conduit

5. Manger – on mange

6. Marcher – on marche

7. Lire – on lit

8. Danser – on danse

9. Vendre – on vend

10. S'habiller – on s'habille

B. Translate these 5 sentences :

1. Mes amis et moi, on va au restaurant.
   My friends and I, we are going to the restaurant.

2. Si on étudie dur, on réussira ses examens.

If one studies hard, one will pass their exams.

3. On ne fume pas en présence de non-fumeurs.

   You do not smoke in the presence of non-smokers.

4. On doit conduire prudemment quand il fait mauvais.

   One must drive carefully when the weather is bad.

5. Ma sœur et moi, on habite ensemble.

   My sister and I, we live together.

C. Translate these 5 sentences into French :

1. My sister and I, we went on vacation together.

   Ma soeur et moi, on est parti en vacances ensemble.

2. If you don't study, you will not pass the test.

   Si on n'étudie pas, on ne réussira pas l'examen.

3. One should not drink alcohol, it is dangerous for your health.

   On ne devrait pas boire d'alcool, c'est dangereux pour la sante.

4. One should drive slowly in the snow.

   On devrait conduire lentement dans la neige.

5. My nephew and I, we go to church together.

   Mon neveu et moi, on va à l'église ensemble.

CHAPTER 2

A. Write the following in Futur Simple

1. Je déjeune au restaurant.

   Je déjeunerai au restaurant.

2. Elle aime beaucoup cette robe.

   Elle aimera beaucoup cette robe.

3. Il voit bien avec ses nouvelles lunettes.

   Il verra bien avec ses nouvelles lunettes.

4. La décoratrice choisit les couleurs pour la nouvelle maison de ma sœur.

   La décoratrice choisira les couleurs pour la nouvelle maison de ma sœur.

5. Ils marchent tous les jours en été.

   Ils marcheront tous les jours en été.

B. Write each sentence above in the Negative after putting them in the Futur Simple

1. Je ne déjeunerai pas au restaurant.

2. Elle n'aimera pas beaucoup cette robe.

3. Il ne verra pas bien avec ses nouvelles lunettes.

4. La décoratrice ne choisira pas les couleurs pour la nouvelle

maison de ma sœur.

5. Ils ne marcheront pas tous les jours en été.

C. Answer each question using Futur Simple in the positive

1. Est-ce que tu liras des livres pendant l'été ?

   Oui, je lirai des livres pendant l'été.

2. Est-ce que tes amis sauront comment trouver ta maison ?

   Oui, mes amis sauront comment trouver ma maison.

3. Votre patron, est-ce qu'il enverra des emails tous les jours après les vacances ?

   Oui, il enverra des emails tous les jours après les vacances.

4. Est-ce que vous visiterez Paris l'année prochaine ?

   Oui, je visiterai Paris l'année prochaine.

5. Est-ce que tu seras disponible le vendredi ?

   Oui, je serai disponible le vendredi.

D. Write the following in French

1. If she has the time, she will go to Nice.

   Si elle a le temps, elle ira à Nice.

2. If I take photos, I will have memories.

   Si je prends des photos, j'aurai des souvenirs.

3. If they go to Australia by plane, the flight will take almost twenty nine hours.

S'ils vont en Australie en avion, le vol prendra presque vingt-neuf heures.

4. If they have a choice, they will choose to have the wedding outdoors.

   S'ils ont le choix, ils choisiront d'avoir le mariage dehors.

5. If she reads out loudly, she will learn the language easier.

   Si elle lit à haute voix (out loudly), elle apprendra la langue plus facilement.

6. If he reads everyday, he will have an advantage.

   S'il lit tous les jours, il aura un avantage.

7. If we walk everyday, we will lose weight.

   Si nous marchons tous les jours, nous perdrons du poids.

CHAPTER 3

EXERCICES

Using Pronominaux Verbs in the Present Tense

A. Write each of the following in French

1. I am brushing my teeth.

   Je me brosse les dents.

2. They are brushing their teeth.

   Ils se brossent les dents.

3. We are washing our hands.

   Nous nous lavons les mains.

4. She is taking a shower.

   Elle se douche.

5. They are going to bed.

   Ils se couchent.

B. Write each sentence in the Negative

1. Nous nous couchons.

   Nous ne nous couchons pas.

2. Il s'endort.

Il ne s'endort pas.

3. Je m'habille vite le matin.

   Je ne m'habille pas vite le matin.

4. Tu te lèves tôt le matin.

   Tu ne te lèves pas tôt le matin.

5. Ils se réveillent tard le samedi matin.

   Ils ne se réveillent pas tard le samedi matin.

Using Pronominaux Verbs in the Past Tense

A. Write each of the following in French

1. They brushed their teeth.

   Ils se sont brossé les dents.

2. She got up late this morning.

   Elle s'est levée tard ce matin.

3. They woke up very early to go to church.

   Ils se sont réveillés très tôt pour aller à l'église.

4. He took a shower when he came back from the beach.

   Il s'est douché quand il est revenu de la plage.

5. They had fun at the party.

   Ils se sont amusés à la fête.

B. Write each sentence in the Negative

1. Le bébé s'est endormi facilement.
   Le bébé ne s'est pas endormi facilement.

2. Les enfants se sont reposés après l'école.
   Les enfants ne se sont pas reposés après l'école.

3. Elle s'est dépêchée d'aller à l'école sous la pluie.
   Elle ne s'est pas dépêchée d'aller à l'école sous la pluie.

4. Nous nous sommes reposés après la longue marche.
   Nous ne nous sommes pas reposés après la longue marche.

5. Je me suis habillé(e) simplement pour le mariage.
   Je ne me suis pas habillé(e) simplement pour le mariage.

Using Pronominaux Verbs in the Future

A. Write the following in French using futur proche

1. We are going to wake up early for church.
   Nous allons nous réveiller tôt pour l'église.

2. She is going to get ready quickly.
   Elle va se préparer rapidement.

3. I am going to have fun at the party.
   Je vais m'amuser à la fête.

B. Write the following in French using futur simple

1. He will get dressed at seven in the morning for school.
   Il s'habillera à sept heures du matin pour l'école.

2. They will have fun at the party.

   Ils s'amuseront à la fête.

3. The baby will fall asleep easily.

   Le bébé s'endormira facilement.

C. Write each sentence in the Negative using Futur Proche

1. Ils vont s'amuser à la plage.

   Ils ne vont pas s'amuser à la plage.

2. Je vais me préparer pour mon examen.

   Je ne vais pas me préparer pour mon examen.

3. Il va se dépêcher d'aller au travail.

   Il ne va pas se dépêcher d'aller au travail.

D. Write each sentence in the Negative using Future Simple

1. Les enfants se coucheront très tôt ce soir.

   Les enfants ne se coucheront pas très tôt ce soir.

2. Le bébé s'endormira après un long trajet en voiture.

   Le bébé ne s'endormira pas après un long trajet en voiture.

3. Je me lèverai tôt demain matin.

   Je ne me lèverai pas tôt demain matin.

CHAPTER 4

LES EXERCICES – L'IMPARFAIT

A. Conjugate to the Imparfait:

1. Je danse

   Je dansais

2. Il écrit

   Il écrivait

3. Je suis

   J'étais

4. Nous avons

   Nous avions

5. Je travaille

   Je travaillais

6. Tu choisis

   Tu choisissais

7. Ils dorment

   Ils dormaient

8. Je pars

Je partais

9. Nous comprenons

Nous comprenions

10. Elle sort

Elle sortait

B. Translate to French :

1. I was reading

Je lisais

2. He was cooking

Il cuisinait

3. They were waiting

Ils attendaient

4. We were eating

Nous mangions

5. You were dancing

Tu dansais/ Vous dansiez

C. Translate to French :

1. When I was young, I used to sleep a lot.

Quand j'étais jeune, je dormais beaucoup.

2. She used to sing at church every Sunday with her grand-father.

Elle chantait à l'église le dimanche avec son grand-père.

3. He used to play basketball at the age of eight.

   Il jouait au basketball à l'âge de huit ans.

4. The children used to go to the swimming pool together.

   Les enfants allaient à la piscine ensemble.

5. You used to buy a lot of clothes for the summer (familiar & formal/plural).

   Tu achetais beaucoup de vêtements pour l'été.

   Vous achetiez beaucoup de vêtements pour l'été.

6. I was talking to the teacher when someone walked into the room.

   Je parlais au professeur quand quelqu'un est entré dans la pièce.

7. She was running on the beach and a dog arrived.

   Elle courait sur la plage et un chien est arrivé.

8. The children were swimming in the pool when it started to rain.

   Les enfants nageaient dans la piscine quand il a commencé à pleuvoir.

9. He was walking his dog outside when it began to snow.

   Il promenait son chien dehors quand il a commencé à neiger.

10. The family was eating when someone knocked at the door.

    La famille mangeait quand quelqu'un a frappé à la porte.

CHAPTER 5

EXERCICES – LE CONDITIONNEL

A. Write the following in the Conditionnel

1. Je déjeune au restaurant.

   Je déjeunerais au restaurant.

2. Elle aime beaucoup cette robe.

   Elle aimerait beaucoup cette robe.

3. Il voit bien avec ses nouvelles lunettes.

   Il verrait bien avec ses nouvelles lunettes.

4. La décoratrice choisit les couleurs pour la nouvelle maison de ma sœur.

   La décoratrice choisirait les couleurs pour la nouvelle maison de ma sœur.

5. Ils marchent tous les jours en été.

   Ils marcheraient tous les jours en été.

B. Write each sentence above in the Negative after putting them in the Conditionnel

1. Je ne déjeunerais pas au restaurant.

2. Elle n'aimerait pas beaucoup cette robe.

3. Il ne verrait pas bien avec ses nouvelles lunettes.

4. La décoratrice ne choisirait pas les couleurs pour la nouvelle maison de ma sœur.

5. Ils ne marcheraient pas tous les jours en été.

C. Write the following in French :

C-1

1. Could you tell me where is the Post Office? (formal)

   Est-ce que vous pourriez me dire où est la Poste ?

2. I would like to travel more often.

   Je voudrais voyager plus souvent.

3. With more money, I would buy a car.

   Avec plus d'argent, j'achèterais une voiture.

4. Without your help, it would be difficult.

   Sans ton aide, ce serait difficile.

5. You should listen to your parents (familiar/formal, plural).

   Tu devrais écouter tes parents.

   Vous devriez écouter vos parents.

C-2

1. If she had the time, she would go to Nice.

   Si elle avait le temps, elle irait à Nice.

2. If I took photos, I would have memories.

Si je prenais des photos, j'aurais des souvenirs.

3. If they went to Australia by plane, the flight would take almost twenty nine hours.

   S'ils allaient à Australie en avion, le vol prendrait presque vingt-neuf heures.

4. If she read out loud, she would learn the language easier.

   Si elle lisait à haute voix, elle apprendrait la langue plus facilement.

5. If we walked everyday, we would lose weight.

   Si nous marchions tous les jours, nous perdrions du poids.

CHAPTER 6

LES EXERCICES

A. Replace the underlined noun with the Tonique Pronoun :

1. Je vais chez <u>Susan</u> – Je vais chez elle.

2. Il mange avec <u>ses enfants</u> – Il mange avec eux.

3. Elle est devant <u>John</u> quand ils chantent dans la chorale – Elle est devant lui quand ils chantent dans la chorale.

4. Les enfants arrivent chez <u>Paul</u> – Les enfants arrivent chez lui.

5. Ma mère cuisine pour <u>ma sœur et moi</u> – Ma mère cuisine pour nous.

B. Answer with AUSSI or NON PLUS :

1. Paul parle français. Et <u>Lisa</u>? – Elle aussi.

2. J'aime Paris. Et <u>vous</u> ? – Moi aussi.

3. Je n'habite pas à Londres. Et <u>Frank</u> ? – Lui non plus.

4. Ma famille ne mange pas de porc. Et <u>votre famille et vous</u> ? – Nous non plus.

5. Mes enfants se couchent à huit heures précises. Et <u>vos enfants</u> ? – Eux aussi.

CHAPTER 7

EXERCICES

A. Use the Direct Pronouns – Le, La, L', Les to answer the questions in the positive in the Present Tense

1. Est-ce que tu prends souvent le bus ?

   Oui, Je le prends souvent.

2. Est-ce que vous connaissez le restaurant 'Olive Garden'? C'est un restaurant très populaire.

   Oui, je le connais.

3. Est-ce que tu invites tes amis au restaurant de temps en temps ?

   Oui, je les invite souvent.

4. Est-ce qu'ils appellent leur mère tous les jours ?

   Oui, ils l'appellent tous les jours.

5. Est-ce qu'elle regarde la télé le soir ?

   Oui, elle la regarde le soir.

B. Using the Direct Pronouns answer the above questions in the negative in the Present Tense

1. Non, Je ne le prends pas souvent.

2. Non, je ne le connais pas.

3. Non, je ne les invite pas souvent.

4. Non, ils ne l'appellent pas tous les jours.

5. Non, elle ne la regarde pas le soir.

C. Using the Direct Pronouns answer the questions below in the positive in the Past Tense

1. Est-ce qu'il a rencontré Barack Obama ?
   Oui, il l'a rencontré.

2. Est-ce qu'ils ont quitté leur travail ?
   Oui, ils l'ont quitté.

3. Est-ce que tu as pris le petit-déjeuner seul ce matin?
   Oui, je l'ai pris seul ce matin.

4. Est-ce qu'elle a appelé sa mère ?
   Oui, elle l'a appelée.

5. Est-ce que les enfants ont entendus les oiseaux ?
   Oui, les enfants les ont entendus.

D. Using the Direct Pronouns answer the 5 questions above in the negative in the Past Tense

1. Non, il ne l'a pas rencontré.

2. Non, ils ne l'ont pas quitté.

3. Non, je ne l'ai pas pris seul ce matin.

4. Non, elle ne l'a pas appelée.

5. Non, les enfants ne les ont pas entendus.

E. Using the Direct Pronouns answer the 5 questions below in the positive using Futur Proche

1. Est-ce que tu vas appeler tes amis ?

   Oui, je vais les appeler.

2. Est-ce qu'elle va regarder la télé ce soir ?

   Oui, elle va la regarder ce soir.

3. Est-ce qu'ils vont chercher la porte de sortie (the exit door)?

   Oui, ils vont la chercher.

4. Est-ce que nous allons trouver le musée facilement ?

   Oui, nous allons le trouver facilement.

5. Est-ce que vous allez prendre le petit déjeuner à sept heures demain?

   Oui, je vais le prendre à sept heures demain.

F. Using the Direct Pronouns answer the 5 questions above in the negative using Futur Proche

1. Non, je ne vais pas les appeler.

2. Non, elle ne va pas la regarder ce soir.

3. Non, ils ne vont pas la chercher.

4. Non, nous n'allons pas le trouver facilement.

5. Non, je ne vais pas le prendre à sept heures demain.

G. Using the Direct Pronouns answer the 5 questions below in the positive using the Futur Simple

1. Est-ce que tu appelleras tes amis ?

   Oui, je les appellerai.

2. Est-ce qu'elle regardera la télé ce soir ?

   Oui, elle la regardera ce soir.

3. Est-ce qu'ils chercheront la porte de sortie ?

   Oui, ils la chercheront.

4. Est-ce que nous trouverons le musée facilement ?

   Oui, nous le trouverons facilement.

5. Est-ce que vous prendrez le petit déjeuner à sept heures demain ?

   Oui, je le prendrai à sept heures demain.

H. Using the Direct Pronouns answer the 5 questions above in the negative using Futur Simple

1. Non, je ne les appellerai pas.

2. Non, elle ne la regardera pas ce soir.

3. Non, ils ne la chercheront pas.

4. Non, nous ne le trouverons pas facilement.

5. Non, je ne le prendrai pas à sept heures demain.

CHAPTER 8

EXERCICES

A. Use the Indirect Pronouns – Lui, Leur to answer the questions in the positive in the Present Tense

1. Est-ce que tu demandes une tasse de thé à la serveuse ?

    Oui, je lui demande une tasse de thé.

2. Est-ce qu'elle téléphone à ses amis tous les jours ?

    Oui, elle leur téléphone tous les jours.

3. Est-ce qu'il offre un bouquet de fleurs à sa femme chaque vendredi ?

    Oui, il lui offre un bouquet de fleurs chaque vendredi.

4. Est-ce que vous parlez souvent à votre mère ?

    Oui, je lui parle souvent.

5. Est-ce qu'ils posent des questions à leur avocat ?

    Oui, ils lui posent des questions.

B. Using the Indirect Pronouns answer the above questions in the negative in the Present Tense

1. Non, je ne lui demande pas de tasse de thé.
2. Non, elle ne leur téléphone pas tous les jours.

3. Non, il ne lui offre pas de bouquet de fleurs chaque vendredi.

4. Non, je ne lui parle pas souvent.

5. Non, ils ne lui posent pas de questions.

C. Using the Indirect Pronouns answer the questions below in the positive in the Past Tense

1. Est-ce que tu as demandé à Paul s'il voulait une tasse de thé ?

   Oui, je lui ai demandé s'il voulait une tasse de thé.

2. Est-ce qu'elle a téléphoné à ses amies hier?

   Oui, elle leur a téléphoné hier.

3. Est-ce qu'il a offert un bouquet de fleurs à sa femme vendredi dernier ?

   Oui, il lui a offert un bouquet de fleurs vendredi dernier.

4. Est-ce qu'ils ont posé des questions à leur avocat ?

   Oui, ils lui ont posé des questions.

5. Est-ce qu'elle a envoyé des cartes de Noël à tous ses cousins ?

   Oui, elle leur a envoyé des cartes de Noël.

D. Using the Indirect Pronouns answer the 5 questions above in the negative in the Past Tense

1. Non, je ne lui ai pas demandé s'il voulait une tasse de thé.

2. Non, elle ne leur a pas téléphoné hier.

3. Non, il ne lui a pas offert de bouquet de fleurs vendredi dernier.

4. Non, ils ne lui ont pas posé de questions.

5. Non, elle ne leur a pas envoyé de cartes de Noël.

E. Using the Indirect Pronouns answer the 5 questions below in the positive using Futur Proche

1. Est-ce que tu vas demander à Paul s'il veut une tasse de thé ?
   Oui, je vais lui demander s'il veut une tasse de thé.

2. Est-ce qu'elle va téléphoner à ses parents ?
   Oui, elle va leur téléphoner.

3. Est-ce qu'elle va parler à sa mère demain ?
   Oui, elle va lui parler demain.

4. Est-ce que nous allons offrir des vêtements aux gens pauvres ?
   Oui, nous allons leur offrir des vêtements.

5. Est-ce qu'ils vont écrire une lettre à leur avocat ?
   Oui, ils vont lui écrire une lettre.

F. Using the Indirect Pronouns answer the 5 questions above in the negative using Futur Proche

1. Non, je ne vais pas lui demander s'il veut une tasse de thé.

2. Non, elle ne va pas leur téléphoner.

3. Non, elle ne va pas lui parler demain.

4. Non, nous n'allons pas leur offrir de vêtements.

5. Non, ils ne vont pas lui écrire de lettre.

G. Using the Indirect Pronouns answer the 5 questions below in the positive using the Futur Simple

1. Est-ce que tu demanderas à Paul s'il veut une tasse de thé ?

   Oui, je lui demanderai s'il veut une tasse de thé.

2. Est-ce qu'elle téléphonera à ses amies demain ?

   Oui, elle leur téléphonera demain.

3. Est-ce qu'elle parlera à sa mère ?

   Oui, elle lui parlera.

4. Est-ce que nous offrirons des vêtements aux gens pauvres ?

   Oui, nous leur offrirons des vêtements.

5. Est-ce qu'ils écriront une lettre à leur avocat ?

   Oui, ils lui écriront une lettre.

H. Using the Indirect Pronouns answer the 5 questions above in the negative using Futur Simple

1. Non, je ne lui demanderai pas s'il veut une tasse de thé.

2. Non, elle ne leur téléphonera pas demain.

3. Non, elle ne lui parlera pas.

4. Non, nous ne leur offrirons pas de vêtements.

5. Non, ils ne lui écriront pas de lettre.

CHAPTER 9

LES CONNECTEURS : EXERCICES

A. Choose the right connector from the list to link the two phrases :

Parce que, Pendant que, C'est pourquoi, Si, Même si

1. Je vais dormir/ je suis fatigué.

   Je vais dormis **parce que** je suis fatigué.

2. Son bus était en retard/ elle a raté son rendez-vous.

   Son bus était en retard **c'est pourquoi** elle a raté son rendez-vous.

3. Nous pouvons toujours aller à New York avec cette voiture/ il neige.

   Nous pouvons toujours aller à New York avec cette voiture **même s'**il neige.

4. Elle arrivera tôt au travail/ elle prend un taxi.

   Elle arrivera tôt au travail **si** elle prend un taxi.

5. Pendant le concert, les garçons jouaient de la flute/ les filles dansaient.

   Pendant le concert, les garcons jouaient de la flute **pendant que** les filles dansaient.

B. Cross out the wrong connectors:

1. Il fait beau en France *parce que / alors que* il fait froid à New-York.

   Il fait beau en France **alors qu'**il fait froid à New-York.

2. Ses parents travaillent *pendant que / si / tant que* elle est à l'école.

   Ses parents travaillent **pendant qu'**elle est à l'école.

3. Les passagers arriveront à l'heure à leur rendez-vous *c'est pourquoi / tant que / même si* l'avion est en retard.

   Les passagers arriveront à l'heure à leur rendez-vous **même si** l'avion est en retard._

4. Il mangeait beaucoup *tant que / si / parce que* il avait faim.

   Il mangeait beaucoup **parce qu'**il avait faim._

5. Elle parlait au téléphone pendant la cuisson *même si / si / c'est pourquoi* la plat a cramé (burned).

   Elle parlait au téléphone pendant la cuisson **c'est pourquoi** la plat a cramé.

C. Translate the following sentences.

1. Elle conduira sur l'autoroute tant qu'il fera beau.

   She will drive on the highway as long as the weather is nice.

2. Le mariage aura lieu dehors s'il ne pleut pas.

   The wedding will take place outside if it does not rain.

3. Le chien reste silencieux tant que son propriétaire est avec lui.

   The dog stays quiet as long as the owner is with him.

4. Quand les élèves apprenaient le francais, ils lisaient à haute

voix ; c'est pourquoi ils parlent francais très bien.

When the students were learning French, they spoke out loud ; that is why they speak French very well.

5. Le bébé pleure beaucoup parce qu'il a faim.

    The baby is crying a lot because he is hungry.

CHAPTER 10

LES EXERCICES
LES DIFFÉRENTES NÉGATIONS

Translate the following into French

A.

1. She does not walk fast.

   Elle ne marche pas vite._

2. They do not say anything when the teacher comes into class.

   Ils ne disent rien quand le professeur entre dans la classe._

3. He never eats meat.

   Il ne mange jamais de viande.

4. We do not visit Canada anymore.

   Nous ne visitons plus le Canada.

5. I do not hear the bird as yet.

   Je n'entends pas encore l'oiseau.

6. They do not see anyone.

   Ils ne voient personne.

7. You only speak French and English (familiar/formal, plural)

   Tu ne parles que français et anglais.

Vous ne parlez que français et anglais.

B.

1. She did not speak in church on Sunday.
   Elle n'a pas parlé à l'église dimanche.

2. They did not say anything when the teacher came to class.
   Ils n'ont rien dit quand le professeur est entré dans la classe.

3. He has never eaten meat.
   Il n'a jamais mangé de viande.

4. We did not visit Canada anymore.
   Nous n'avons plus visité le Canada.

5. I did not hear the bird as yet.
   Je n'ai pas encore entendu l'oiseau.

6. They did not see anyone.
   Ils n'ont vu personne.

7. You only spoke French on the Interview.
   Tu n'as parlé que français à l'entretien.

C.

1. She is not going to speak in church.
   Elle ne va pas parler à l'église.

2. They are not going to cook anything tonight.
   Ils ne vont rien cuisiner ce soir.

3. We are never going to eat pork.

   Nous n'allons jamais manger de porc.

4. He is not going to sing anymore.

   Il ne va plus chanter.

5. They are not going to call anyone.

   Ils ne vont appeler personne.

6. We are only going to eat two croissants.

   Nous n'allons manger que deux croissants.

CHAPTER 11

EXERCICES
LES COMPARAISONS

Make a comparison for each sentence and make more than one comparison when it is possible.

1. Paul a 5 ans et Lisa a 8 ans.

   - Paul est plus jeune que Lisa.

   - Lisa est plus vieille que Paul.

   - Paul est moins vieux que Lisa.

2. Paul a 3 voitures. Lisa a 3 voitures.

   - Paul a autant de voitures que Lisa.

3. Paul lit le journal en 20 minutes et Lisa lit le journal en 30 minutes.

   - Paul lit le journal plus vite que Lisa.

   - Lisa lit le journal moins vite que Paul.

4. Paul a étudié 3 langues. Lisa a étudié 5 langues.

   - Lisa a étudié plus de langues que Paul.

   - Paul a étudié moins de langues que Lisa.

5. Paul et Lisa ont la double nationalité. Paul a 2 passeports. Lisa a 2 passeports.

   - Paul a autant de passeports que Lisa.

CHAPTER 12

EXERCICES
LES DIALOGUES 1 - 6

Dialogue 1 : Un samedi matin

Find the word, phrase or sentence that tells :

1. Let's go!

   Allons-y!

2. Good idea.

   Bonne idée.

3. The weather is nice.

   Il fait beau.

4. They go home.

   Ils rentrent à la maison.

5. Sunscreen.

   La crème solaire.

Dialogue 2 : Au restaurant

Find the word, phrase or sentence that tells :

1. How does the waitress asks if they are ready to order?

   Est-ce que vous avez choisi ?

2. How does the father like his meat?
   À point.

3. How do you say "a little bit of bread"?
   Un peu de pain.

4. How does the waitress asks if "Everything went well"?
   Tout s'est bien passé?

5. How do you say "A slice of chocolate cake".
   Une part de gâteau au chocolat.

6. How do you say "The bill".
   L'addition.

7. How do you say "A tip".
   Un pourboire.

Dialogue 3 : Le spectacle de Dauphins

Find the word, phrase or sentence that tells :

1. I am brushing my teeth.
   Je me brosse les dents.

2. Do you remember.
   Tu te souviens.

3. Go ahead.
   Allez-y

4. Indeed

En effet.

5. You are welcome.

   Je vous en prie.

6. Take a nap.

   Faire une sieste.

Dialogue 4: Un voyage à Paris

Find the word, phrase or sentence that tells :

1. Boarding passes.

   Cartes d'embarquement.

2. Taxi driver.

   Le chauffeur de taxi.

3. Glad to see you again.

   Ravie de te revoir.

4. Everywhere.

   Partout.

5. How much does this cost?

   Combien ça coûte?

6. A shawl.

   Un châle.

7. I can't wait.

   J'ai hâte.

Dialogue 5 : Un élève brillant

Find the word, phrase or sentence that tells :

1. Classmate.
    Camarade.

2. A great speaker.
    Un grand orateur.

3. The university libraries.
    Les bibliothèques universitaires.

4. I always run into.
    Je tombe toujours.

5. The museums.
    Les musées.

6. It was very impressive.
    C'était très impressionnant.

Dialogue 6: Une visite dans un parc d'attractions

Find the word, phrase or sentence for :

1. I have never seen.
    Je n'ai jamais vu.

2. The rides.
    Les manèges.

3. Water parks.

Les parcs aquatiques.

4. I agree.

   Je suis d'accord.

5. The water.

   L'eau.

6. A bathing suit.

   Un maillot de bain.

7. That's too bad.

   C'est dommage.

8. I am enjoying myself/I am having fun.

   Je m'amuse.

9. They are getting ready.

   Elles se préparent.